【京张铁路河北段】

文物遗存调查

张家口市文物考古研究所 / 编

天津出版传媒集团

天津古籍出版社

图书在版编目（CIP）数据

京张铁路河北段文物遗存调查 / 张家口市文物考古研究所编. -- 天津：天津古籍出版社，2018.5
ISBN 978-7-5528-0642-7

Ⅰ.①京… Ⅱ.①张… Ⅲ.①铁路沿线－历史文物－调查研究－河北 Ⅳ.①K872.22

中国版本图书馆CIP数据核字(2018)第003681号

京张铁路河北段文物遗存调查

张家口市文物考古研究所/编

出版人/张玮

天津古籍出版社出版

（天津市西康路35号　邮编300051）

http://www.tjabc.net

三河市冠宏印刷装订有限公司印刷

全国新华书店发行

开本 880×1230 毫米 1/16　印张 6.25　字数 101 千字

2018 年 5 月 第 1 版　2018 年 5 月 第 1 次印刷

ISBN 978-7-5528-0642-7　　定价：118.00元

《京张铁路河北段文物遗存调查》编撰委员会

主　　任：王培生
副 主 任：刘文清　李现云
顾　　问：陶宗冶

主　　编：魏惠平　刘文清　李现云
副 主 编：张益嘉　李鼎元　王雁华　寇振宏
制　　图：王雁华　裴　蕾　陶彦辰
摄　　影：王晓平　张益嘉　梅　晨

委　　员（按姓氏笔画排序）：
邓小洁　龙　岩　冯国良　冯　超　刘海文
李　军　李延豪　张苗苗　赵　婕　高　霞
高素英　郭怡星　陶彦辰　贾凤军　逯慧承
梅　晨

序

1909年建成通车的京张铁路，是20世纪初叶中国人民在世界列强蔑视的目光下，第一次靠自己的资金、自己的力量，在最困难的地理条件下完成的铁路修设。京张铁路筑路时间之短、工程质量之高、工程费用之低都令世界惊讶。这一振奋民族精神的壮举，是近代中国在经历了第一、二次鸦片战争失败，逐渐沦为半封建、半殖民地国家之后，在与列强的抗争中取得的一次扬眉吐气的胜利。因此，京张铁路不仅在中国近代工业发展史中占有重要的位置，更在近百年来中华民族不甘落后、独立自主、自强不息的爱国主义精神传承中，留下了浓墨重彩的一笔。正因为如此，历史记住了京张铁路，人民怀念京张铁路。

张家口是京张铁路的终点。清政府之所以把从北京向西修筑的铁路终点选择在张家口，是由于张家口在当时中国国内经济、对外贸易以及在融合民族关系中的重要地位。

自明末开启蒙汉互市以来，张家口一直是万里茶路中外贸易往来的中枢。著名的张家口至蒙古库伦，并延伸到俄罗斯恰克图的张库商道就起始于张家口。五百年来，这条商道既带动了中国内地的经济发展，给沿途各地带来了商机，促进了地方经济发展，也给清政府带来了丰厚的税收利益。同时，蒙汉通商也促进了蒙汉民族的和睦，增进了民族团结。因此，张库商道既是一条对外贸易之路，也是一条促进民族团结之路，增进不同国家文化交流之路。

但是，自第二次鸦片战争之后，随着国家主权的丧失，列强对中国经济的掠夺急速加剧，海陆、陆路运输权也先后被列强垄断，张库商道大量货物改由中东铁路运输，同时，由于没有现代交通工具，从内地运往张家口的货物只能靠驼队和牛车，这样既加大了运输成本，也延长了运输时间，在当时激烈的贸易竞争中明显处于劣势。为改变这种状况，重振商道经济，晚清以来，在洋务运动的推动下，清朝政府中一批远见之士率先提出修筑北京到库伦的铁路，以降低张库商道的运输成本，增加与外商的竞争力，京张铁路的修筑就是在这样一个大历史背景下产生并付之实施的。

京张铁路的通车，再次使张库商道走向兴盛，同时，随着铁路的链接，现代工业文明也首次走进了张家口，张家口车辆修配厂、造币厂等一批现代工业企业纷纷建立，张家口商贸街道的标志——怡安街也渐渐崛起，张家口再一次成为华北商贸的中心。可以说，京张铁路是使张家口跨入现代贸易之城的大动脉。后来，虽然由于国内外政局的变化,京张铁路没有依照初衷修往库伦,而是改道向西延伸为京绥铁路,但京张铁路的修筑,对中、蒙、俄贸易的发展,对张家口的经济发展,对张家口城市的形成与发展确实起到了极大的推动作用。

一百年后的今天,中国铁路建设取得了举世瞩目的高速发展,旧有的京张铁路历经多次修建、改建,一大批原有的遗迹已经停用,而有的遗迹在铁路改造中被拆除,也有许多被改造、置换。

今天,我们开展对京张铁路遗存的调查,是为了留下京张铁路曾经带给我们的记忆,留下京张铁路最后的身影;是为了更好地保护好这些遗迹,使以京张铁路为代表的中华民族独立自主、自强不息的爱国主义精神世世代代传承下去。

目　录

序
一、张家口与京张铁路 / 1
二、对京张铁路遗存的调查 / 19
　（一）文物调查背景 / 19
　（二）京张铁路站点调查 / 19
　　怀来车站 / 19
　　东花园车站 / 20
　　狼山车站 / 21
　　土木车站 / 24
　　沙城车站 / 25
　　新保安车站 / 26
　　西八里车站 / 29
　　下花园车站 / 29
　　辛庄子车站 / 31
　　宣化府车站 / 33
　　沙岭子车站 / 38
　　宁远站 / 40
　　张家口车站 / 40
　（三）京张铁路桥梁调查 / 48
　　石桥子村后52号桥 / 48
　　马圈子53号桥 / 50
　　54号桥 / 50
　　南和硕营55号桥 / 51
　　怀来河56号桥 / 51
　　63号桥 / 53
　　64号桥 / 53
　　65号桥 / 54

　　66号桥 / 54
　　67号桥 / 55
　　70号桥 / 56
　　71号桥 / 57
　　狼山72号桥 / 58
　　五营梁玉带沟73号桥 / 59
　　74号桥 / 60
　　老营洼75号桥 / 61
　　土木西沙河76号桥 / 62
　　太平沟77号桥 / 64
　　沙城东沙河78号桥 / 65
　　86号桥 / 66
　　鸡鸣驿87号桥 / 67
　　90号桥 / 68
　　油黄沟97号桥 / 68
　　下花园沙河98号桥 / 69
　　金龙口99号桥 / 71
　　100号桥 / 74
　　响水铺东山沟104号桥 / 75
　　泥河子110号桥 / 76
　　吊桥河116号桥 / 78

参考文献 / 82
附录一 / 83
附录二 / 84
京张铁路及张家口大事年表 / 85
结语 / 89

一　张家口与京张铁路

明代隆庆四年（1570），明王朝和蒙古部首领俺答汗达成"隆庆和议"，实现了蒙汉和睦，明、蒙长达200年的战事停止。第二年，应蒙古俺答汗部的要求，在明朝大学士张居正和宣大总督王崇古力谏下，明朝政府同意在张家口开设蒙汉互市，进行商贸交流。

清代顺治元年（1644），为扩大中、蒙、俄贸易，张家口大境门开通。雍正五年（1727），清政府与俄国缔结《中俄恰克图条约》，条约确定"恰克图——库伦——张家口——北京"为两国贸易往来的路线，从此，"张（张家口）库（库伦）大道"正式形成，大境门也由此成为张家口通往蒙古库伦的商道起点。

张库大道的开通，标志着以茶叶、马匹、皮毛为主要货物的

俄罗斯商人手绘的张库大道羊皮图

中、蒙、俄互市贸易的开启。不久，随着互市贸易中蒙古、俄国对中国茶叶需求的增加，一条南起中国福建武夷山、湖南安化产茶区，途径湖北、河南、山西和直隶，北达外蒙古库伦和俄国恰克图的万里茶路渐渐形成。张库大道成为万里茶路由中原进入草原的重要路段。

清代张家口西沟蒙汉贸易市场

民国时期张家口大境门

张库大道的开通,迅速使张家口(清至民国时期也称东口)成为张库大道的贸易中心。以晋商为首的各地商帮纷纷来到张家口建货栈、设票号、开茶庄。各种皮货栈、木器房、铁器房、土碱店、杂货店、镖局和大车店遍布张家口上下两堡和西沟。从万里茶路运到张家口的茶,从张家口装箱用牛车和勒勒车走向草原,运往蒙古库伦和俄罗斯恰克图。从此,长城边陲的张家口,开始了从军堡向新兴商业城市的历史转变。

民国时期往来于张库大道上的勒勒车队

民国时期行走在长城的驼队

1900年张家口大境门外

1909年张家口的街道

19世纪初,在西方工业革命大潮的推动下,1814年,英国人斯蒂芬森制造出世界第一台蒸汽机,11年后世界第一条铁路诞生,不久,美国于1830年,法国于1832年,德国于1835年,俄国于1837年,日本于1872年相继修筑起自己的铁路,从而使各自国内经济得到迅猛的发展，蒸汽机和铁路为改变传统交通运输业带来革命性的变化。运输时间的缩短、运输成本的降低很快使铁路和火车成为当时欧洲的宠儿。

但是，在世界的东方，以小农经济为基础的清朝政府，一直奉行的是闭关锁国政策，使国人看不到世界发生的重大变化，更意识不到工业革命的成果将给世界带来的改变；同时，由于千百年来人们头脑中根深蒂固的传统观念，以及人们对工业革命带来的新型交通工具的不理解，铁路交通在中国的发展屡屡受挫。1877年，清政府居然以20万两白银的价格从英国人手中买下中国大地上出现的第一条铁路——淞沪铁路，然后将铁轨、车站、路基等销毁殆尽。

西伯利亚铁路大桥

西伯利亚铁路筑路的俄罗斯工程技术人员

19世纪中叶,鸦片战争中两次战败的清政府与列强签订了一系列不平等条约,条约迫使清政府开放更多的通商口岸,允许外国商人直接到中国内地经商、采购、建厂,由此,张家口也开始出现了俄国商人开设的银行、茶庄、商铺。

民国时期准备从西沟启程赴恰克图的商队

民国时期中外商人在张家口留影

1903年,由俄国人修筑的从中国东北大连港经海参崴通往俄罗斯的东清铁路开通。第二年,西伯利亚大铁路通车。两大铁路的开通,使万里茶路运往俄国的茶叶运输线从张家口移向东北,致使明末以来一直作为中、蒙、俄贸易主道地位的张库大道作用渐渐回落。"修建铁路,重振张库大道经济繁荣"的时代需求已经迫在眉睫。

1840年,第二次鸦片战争清政府再次失败之后,严酷的现实使清政府中一批以李鸿章、郭嵩焘、左宗棠、丁日昌、刘传铭等人为代表的洋务派意识到要改变中国的落后面貌,就必须"师夷长技以制夷",即学习西方先进工业科学技术以抗衡和战胜西方,他们在几乎举国一致的反对修铁路的浪潮中顶风而进,为开创中国铁路事业,筚路蓝缕。在李鸿章的努力下,中国近代第一条铁路——唐胥铁路诞生。在这一时期,先后奏请开办铁路的还有曾纪泽、薛福成等人。清廷朝野上下,已开始从"要不要修铁路"之争,转为"铁路路线设置于何地"之争。虽然此时中国的铁路建筑仍不景气,但铁路已经开始被人们所接受。

然而,帝国主义列强为推销自己过剩的商品,控制中国的原料产地以及投资市场,更主要是为了操纵中国的军事和政治,极力掠夺中国铁路的建设权;再加之清政府较为迷信"洋人""洋匠",无形中也加速了中国铁路的殖民地化。中国人自己修筑铁路的探索无疑困难重重,步履维艰。

1905年,在洋务运动大潮的推动下,中国第一次自主勘察、自主设计,由中国工程师詹天佑亲自主持修筑的京张铁路开始动工。

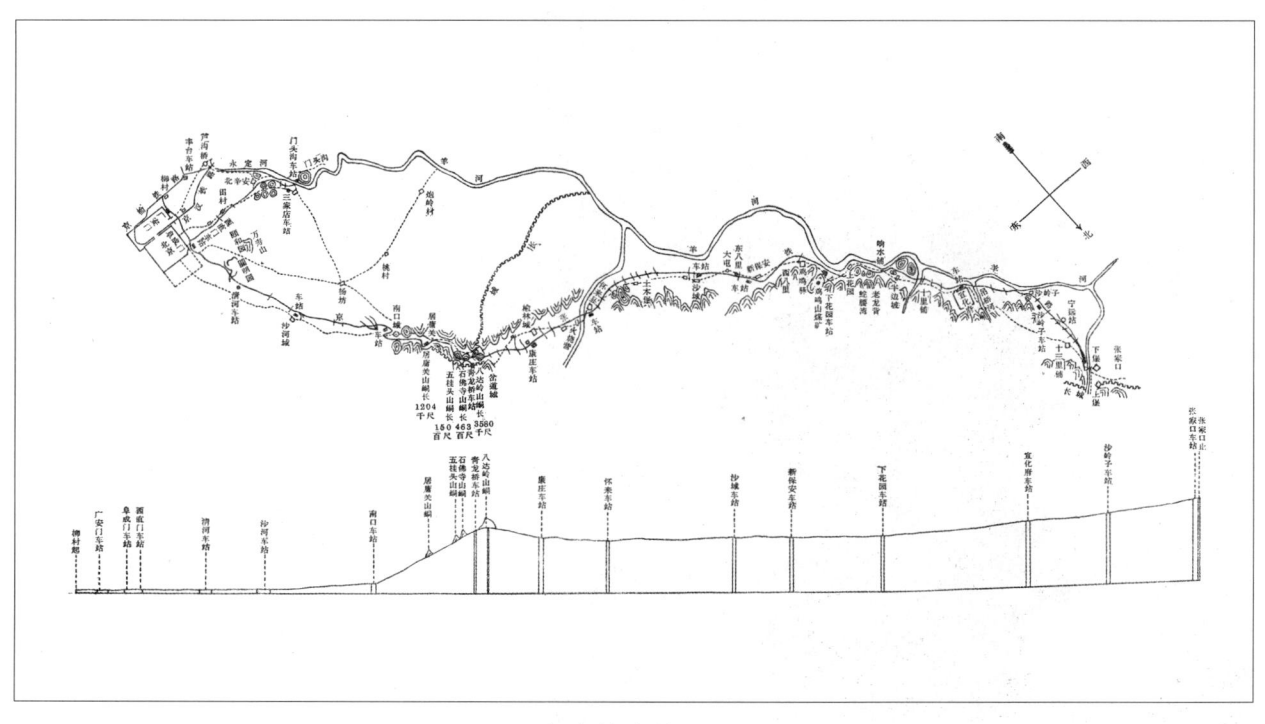

京张铁路路线图

京张铁路的修建历经波折,困难重重。1905年,日俄战争中俄国东清铁路宽城子以南地区被日本占领,俄方从哈尔滨到北京的线路被阻断,中俄贸易线中断。为维持恢复中俄贸易,俄国沙皇政府向清政府索取恰克图至北京的铁路让予权,由俄国修建北京直达恰克图的铁路,同时,英国也提出希望得到修筑权,英、俄双方争执不下,最后达成协议:同意由中国人自己修建,但要求清政府在修建该工程时不得聘请任何外国人。在英、俄看来,京张铁路地处长城内外,途径燕山山脉,要修通这条沿途山峦起伏、地势险要的铁路,科技落后的中国完全没有这样的能力。他们想看中国人的笑话,想等中国人陷入僵局后再来向他们求教。当时英国报刊讽刺说:"中国会修建这条铁路的工程师还没有诞生呢""中国人想不靠外国人自己修铁路,就算不是梦,至少也要过五十年才能实现"。为维护国家主权,1905年5月,直隶总督兼督办关内外铁路大臣袁世凯提出要速建北京至张家口的铁路,任命詹天佑为京张铁路总工程师,不久又命他兼任铁路总办,全权负责京张铁路的修筑。

詹天佑,1861年出生于广州西关,中国首位铁路工程师,被誉为"中国近代工程之父"。1872年,詹天佑考取清朝政府组织的幼童出洋预备班。同年8月,詹天佑作为由清朝政府选派的第一批留学美国的留学生,随同出洋预备班30名学生赴美国留学。1878年,詹天佑以优异成绩考取美国耶鲁大学,1881年获学士学位。1888年,詹天佑进入中国铁路公司任见习工程师,参与修筑津沽铁路,后升任工程师和地区工程师。

张家口在居庸关外,地处北京的西北,为北京通往内蒙古的要冲,南北旅商来往之孔道,在历史上一直是北面的军事重镇,向来为兵家所必争。在经济方面,由北京至张家口是南北商旅交易的要道,这条交通要道是张库大道货物从天津运往张家口的必经之路,承载了巨大的贸易量,其中有蒙古一带输出的土产皮毛驼绒,也有南方输入的茶叶、纸张等生活用品。在政治方面,理藩大臣肃亲王善耆为了和

詹天佑

蒙古王公加紧联系，也希望改善交通，因而，京张铁路不仅具有重要的经济价值，也能够满足清政府的政治需要。在此背景下，清朝政府很快便同意了由政府出资官办修建这条铁路的计划。

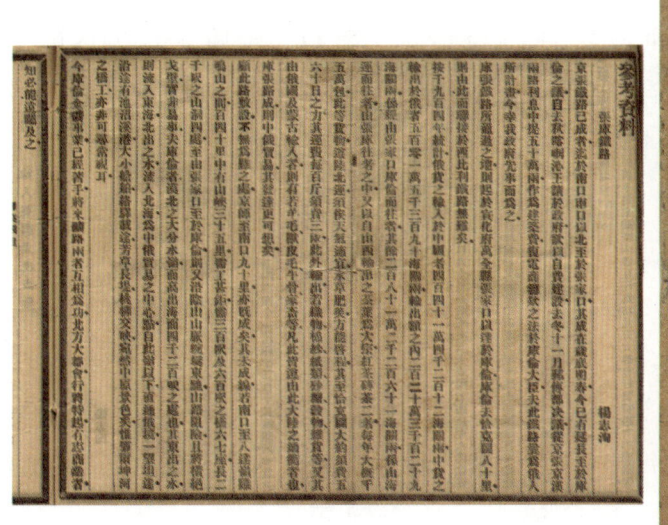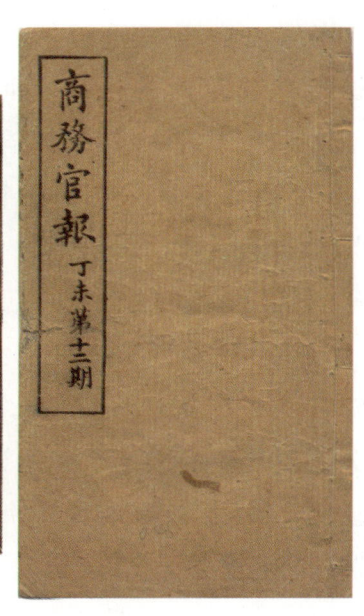

1907年清政府《商务官报》刊登的修建张库铁路的设想

京张铁路关系西北边防，军事意义重大，因此，袁世凯主张"不用洋工程司经理，自行修理"，不允许外国列强插手。1905年5月，袁世凯、胡橘棻正式提请清朝政府成立京张铁路总局和工程局，派陈昭常为总办，詹天佑为总工程师兼会办。

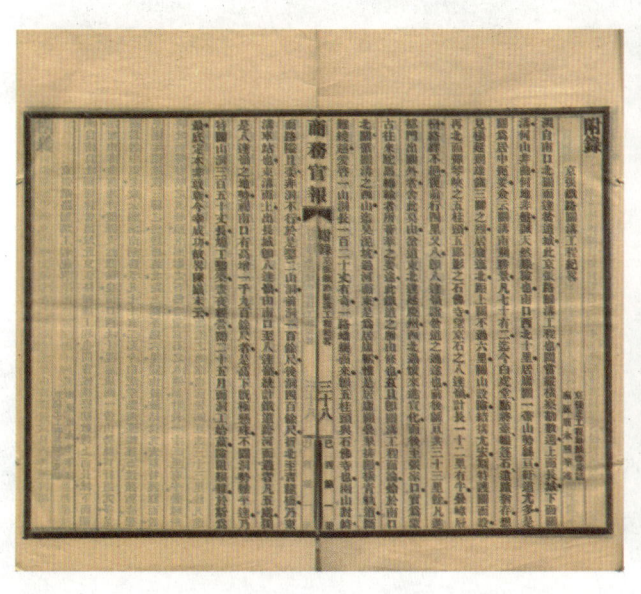

1909年清政府《商务官报》刊登的京张铁路关沟工程纪略

清政府任命詹天佑主持修筑京张铁路后，在人才异常缺乏的情况下，詹天佑克服重重困难，着手筹组工程局：设立京张铁路总局于天津，设分局于北京西城丰盛胡同，同时设工程局于北京；又在北京设立材料厂，在丰台设立购地所，并亲率工程队勘测定线。由于清政府拨款有限，时间紧迫，詹天佑从勘测过的三条路线中选定了建造成本较为低的一条，即由西直门经沙河、南口、居庸关、八达岭、怀来、鸡鸣驿、宣化至张家口的路线。这条路线最困难的一段是南口至八达岭一带的关沟段，那里不单地势险峻，坡度亦很大。八达岭近青龙桥段，为了穿越燕山山脉军都山的陡山大沟，在长达22千米的线路区段内采用了"之"字轨道，再让列车用折返方法攀斜；但坡度仍达33.7‰，所以车身要由两部机车牵引。

1905年9月4日，京张铁路正式开工，12月12日开始铺轨。就在铺轨的第一天，一列工程车的一个车钩链子折断，造成脱轨事故。这件事一下成了某些认为"中国人不能自修铁路"者的证据，各种诽谤中伤纷至沓来。但詹天佑没有惊慌失措，反倒冷静地想到：此路坡度极大，每节车厢之间的连接性能稍有不固，事故就难以避免。为此，他使用了自动挂钩法，完美解决了这个问题。

京张铁路使用的0-6-6-0型马莱机车

京张铁路使用的2-8-8-2型马莱机车

京张铁路全程分为三段。第一段丰台至南口段，于1906年9月30日全部通车。第二段南口至青龙桥关沟段，关沟段穿越军都山，最大坡度为33.7‰，曲线半径182.5米，隧道四座，长1644米，采用"之"字形铁路。该路段的工程非常艰巨。首先必须打通居庸关、五桂头、石佛寺、八达岭四条隧道，其中最长的八达岭隧道长达1092米。这项工程不仅需要精确的计算和正确的指挥，还要有新式的开山机、通风机和抽水机。前者对詹天佑而言不成问题，但后者当时中国全都没有，所有挖掘工作只能靠工人的双手，其困难程度可以想见。特别是关于八达岭隧道的开凿，曾经有诸多外国专家断言：如不使用外国的先进机械以及技术人员，仅凭中国人的力量，是不可能完成的。然而在詹天佑的策划指挥下，八达岭隧道采用南北两头同时向隧道中间点凿进的同时，采用竖井方法挖掘，即在隧道中部开凿两个直井，分别可以向相反方向进行开凿，增加工作面；同时使用强力炸药爆破等措施，终于依靠人力建成了这条中国筑路历史上的第一条长大隧道。就这样，他们硬是克服了重重困难，终于在1908年9月完成了第二段工程。

八达岭隧道竣工时工程人员合影

青龙桥段铁路穿越军都山，南口和八达岭的高度相差一百八十丈，坡度极大，"由南口至八达岭，高低相距一百八十丈，每四十尺即须垫高一尺"。詹天佑在22千米线路区段内用折

正在修建的八达岭铁路桥

返方法,设计、修建了著名的青龙桥车站"人"字形铁路轨道;又引进国外大马力机车,并使用双机牵引,解决了运输动力问题。

青龙桥人字形铁路

青龙桥站

第三段工程的难度仅次于关沟,首先遇到的是由七根一百英尺长的钢梁架设而成的怀来大桥,这是京张铁路上最长的一座桥。下花园到鸡鸣驿矿区岔道一段虽不长,工程极难:右临洋河,左傍石山,山上要开一条六丈深的通道,山下要垫高七华里长的河床。詹天佑以山上开道之石来垫山下河床。为防山洪冲击路基,又用水泥砖加以保护。随着第三段工程的胜利完成,1909年9月24日通至张家口市的京张铁路,由于詹天佑准确的判断与决策,得以及时建成。

京张铁路怀来大桥

怀来河 56 号桥

怀来站

鸡鸣山煤矿支线

另外，詹天佑还制定了统一的铁路工程标准及行车规章制度，为中国铁路建设及管理的标准化奠定了基础。

在詹天佑的努力下，原计划六年完成的京张铁路，从1905年9月4日正式开工，到1909年10月2日在南口举行通车典礼，仅用了四年的时间便实现了全线正式通车，比原计划提前了两年。按当初预算，京张线施工以及购置机车、车辆的费用为白银728万两，实际仅用了约700万两。工程不但没有超支，还节余白银28万两。

1900年10月2日，南口举行了盛大的京张铁路通车典礼。这一天，龙旗飞舞，鼓乐喧天。黑色的巨龙承载着国人的喜悦腾跃了。

张家口各界庆祝张家口站落成

张家口车站通车盛况

对京张铁路的开通,清政府极为重视,特派邮传部尚书盛宣怀到张家口参加盛典,并安排直隶省口北兵备道道台、二品顶戴成和亲自为通车典礼剪彩。

京张铁路的修筑,不仅给古老的张库大道注入了现代工业文明的活力,再次使张库大道贸易得到振兴,而且推动了中国各省自办铁路的发展,在我国铁路建设史上留下了光辉的一页。京张铁路的历史价值在于,它见证了半封建半殖民地中国被西方列强所欺凌的百年屈辱史,见证了中国先驱工程师们不屈不挠、艰难进取的开拓精神;其科技价值在于,在地形复杂的山区开凿隧道、在陡坡上架设人字形钢轨等尝试的成功,见证了中国早期铁道工业的开端;其艺术价值在于,铁路与万里长城及关沟历史文化遗迹交相辉映,中西合璧风格的铁路建筑群散布期间,以及博物馆里展示的精美的工程图纸,无不体现着我国近代工业化时期的鲜明艺术风格。

前来张家口参加通车典礼的清政府邮政部官吏

来张家口庆祝通车的清政府官员下榻的行辕

1908年"袖珍日记"刊登的京张铁路时刻表

京张铁路是中国人自行设计和施工的第一条铁路干线，是中国人民和中国工程技术界的光荣，也是中国近代史上中国人民反帝斗争的一个胜利。由中国人自己修建的京张铁路，成为当时国人民族精神的骄傲。京张铁路——"中国人民的光荣"作为工业文明走进中国的象征，它的发展与变迁映射着中国百年发展的年轮。

京张铁路的通车，使作为中、蒙、俄贸易主道地位的张库大道渐渐恢复了繁荣，同时给张家口第一次带来了现代工业文明的活力，京张铁路修建前，沿途各地交通运输工具只有牛、马和骆驼,运输时间长,效率低。当时,张家口至北京全程210公里,用牲畜运输大约需要40小时;火车开通后,北京至张家口仅仅需要6个小时,速度提高了近7倍。

京张铁路通车前,张家口经济中心主要集中在桥西区的大境门外西沟、来远堡和张家口堡地区,桥东只是一片荒凉之地,随着京张铁路建成通车,一些买办商人到此投资建设。商业的发展带动了张家口经济的繁荣和发展,使张家口很快成为华北的重要商埠。

晚清至民国初期使用的铁路信号灯

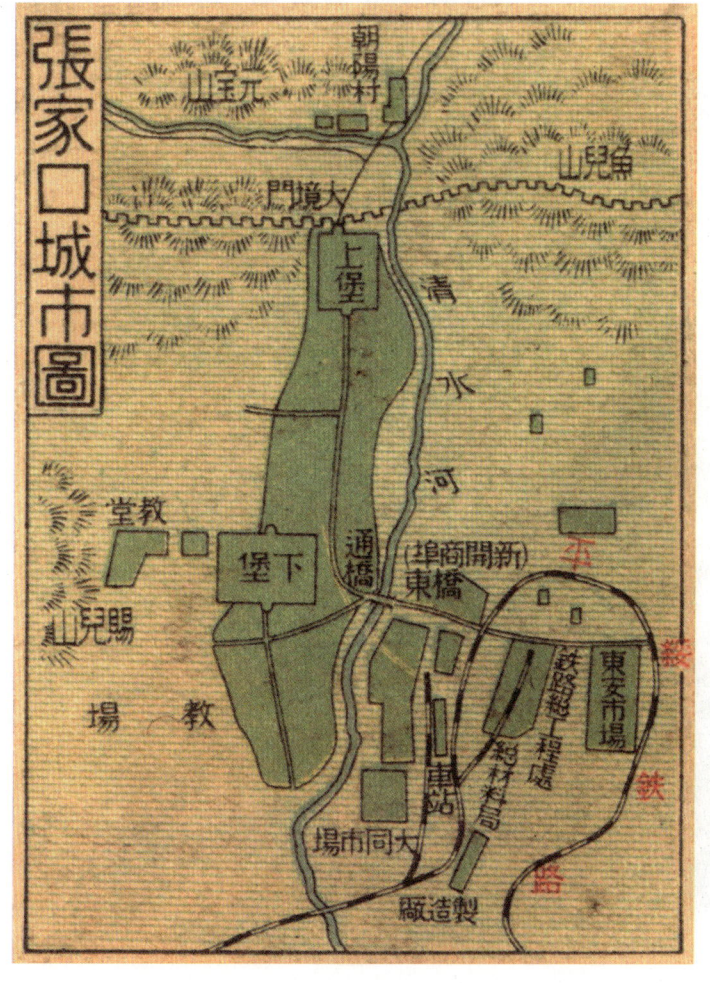

民国时期张家口市图

民国时期张家口怡安街旧照

张家口桥东区怡安街始建于1904年。当时，清政府正在酝酿修建京张铁路。天津有一家英商开办的怡和洋行，它的买办梁炎卿、陈祝龄多年经商，对张家口的商埠地位十分了解，认定京张铁路对张家口的发展一定会带来巨大的商机，因此筹集了20万两白银作为资金，在张家口投资创办了该市第一个经营房地产业的公司——怡安股份有限公司。公司创办后，公司经办人区泽南购买桥东火车站附近540亩土地，并在那里大兴土木，逐步建起了怡安街、桥东大街、宣化路一带商号与住宅6000多间。随后宝善街、长寿街、福寿街和东安市场等也相继被规划并陆续成形。一时间，张家口商业发达、市场繁荣，成为塞外的大商业区。

1919年詹天佑因病去世。同年，京张铁路青龙桥站为他树立铜像，以纪念詹天佑对京张铁路做出的伟大贡献

二 对京张铁路遗存的文物调查

(一)文物调查背景

京张铁路工程于1905年动工,至1909年10月24日全线通车,由丰台北上西直门、沙河、经南口、居庸关、八达岭、怀来、鸡鸣驿、宣化到张家口,全长201.2公里。1909年10月2日,盛大的通车庆典在南口举行。它是由中国杰出的爱国工程师詹天佑主持修建,依靠国内人民自己的智慧和力量进行勘测设计,并施工修建的第一条国有铁路。该工程享誉中外,至今已有百年的沧桑历史。詹天佑对京张铁路作出了这样的高度评价:"非有体力魄力,心灵手敏之人,莫克竣工。"京张铁路的建成,不仅为詹天佑在世界上赢得了声誉,更重要的是为整个中国铁路工程技术界在世界上赢得了地位。

为"结合京张高铁建设和冬奥会举办的契机,保护好京张铁路的宝贵历史遗存,充分发挥其精神价值和教育意义",张家口市文物考古研究所对接首都博物馆,承担了京张铁路遗存河北段的野外考古调查任务。

(二)京张铁路站点调查

1914年京张铁路设丰台、广安门、西直门、清华园、清河、沙河、南口、三堡、青龙桥、康庄、怀来、沙城、新保安、下花园、宣化府、沙岭子、张家口共计十七个车站。随着历史的变迁,铁路沿线车站不断增减变化,张家口境内各车站情况如下:

怀来车站

怀来车站于1909年2月建站,位于京张铁路167里处。《京张铁路工程纪略》:"第六段路线,自马圈子前概号二千九百号起,至五营梁南概号三千四百号止,长约二十八华里。其间有怀来河横阻,只火烧营地点宜于跨渡,故路线在南营子前即转折而西,渡河而至怀来城后之三里庄,地平如砥,乃在此设立站场,此即为狼山。惟地势渐高,故叠用曲线环山之阳纡长路线而减小坡度,比至五营梁,则地势更高,故复南折,而直至土木沟。"由此可见,车站设于当时的怀来城北侧。

解放后,由于官厅水库的修建,康庄—怀来—狼山区间进行了改线,怀来车站于1953年10月1日撤消。

东花园车站

东花园车站于1954年始建,1955年4月15日随康庄—怀来—狼山区间改线一同交付使用,因靠近东花园村而得名。

东花园村历史悠久,早在辽代就建有村庄。据《几辅通志》载,辽置东花园,以环境优美,气候宜人而取名花园。又由于村西建新村称西花园,故旧村称东花园。

1953年秋天,这里发生特大洪水,将康庄—狼山段冲毁,1954年由铁道部第四工程局进行康狼改线工程时,始建东花园车站。建站时原本取名"西花园车站",因与下花园谐音,容易影响旅客出行,故将站名改为"东花园车站"。

东花园车站

狼山车站

狼山车站位于京张铁路91公里处。1942年,侵华日军在狼山增设信号所,随后升级为车站。坐标:N40°21′3.88″,E115°40′54.34″,高程513米,因车站北面1公里许有狼山村而得名。

狼山站

狼山建村时间较早,因位于狼山脚下,故称狼山。据《怀来县志》载,明永乐皇帝曾将此处改称"琅山"。清康熙十二年(1673)皇帝出游路经此地,查得当地百姓贫困,遂将此地命名为富家庄。后此村并没有富起来,人们仍称其为狼山至今。

狼山站内铁轨

铸于 1909 年的铁轨

狼山站内国槐（远景）

狼山站内国槐（正面）

对京张铁路遗存的文物调查

狼山站内国槐

国槐标志牌

站内现存旧轨道约600米，道轨为1909年生产，木枕线路。站台处有一颗老槐树，据相关部门测定已有400年树龄。坐标：N40°21′5.16″，E115°40′53.93″，高程519米。

土木车站

土木车站位于京张铁路99公里处，1919年为增大行车密度，京绥铁路局于土木堡西南增设此站。在历史上多次翻建过程中，旧站已经消失。

土木车站

"土木堡"一名的来历，据"通志"记载，此地本名统幕镇，唐初于高开道据怀戎时所置，后"统幕"讹为"土木"。明永乐初年（1403）置堡，正统末年（1449年左右）车驾驻此，此狩堡遂毁。明嘉靖四十五年（1566）再次修筑。历史上有名的"土木之战"就发生在这里。明正统十四年（1449）秋，明英宗率50万明军亲征也先（也先：蒙古族瓦剌部首领），兵败被虏即在土木。元朝有诗抒写土木之战曰："……旭日照荒城，行行指土木。据鞍话前朝，铸此一大错。万乘等儿戏，一掷向沙漠。千官为鬼雄，碧血染剑镞。天地十年闭，庙堂三日哭。……"这是那场战争悲壮场面的真实写照。在土木城内，建有显忠祠，以纪念土木之战阵亡的武将、文臣。

沙城车站

沙城站位于京张铁路104公里处，1909年京张铁路全线通车时正式运营，因位于怀来县沙城镇，因而取名沙城站。现位置K 117+902，坐标：N40°23'42.71"，E115°30'40.69"，高程527米。

在京张铁路通车时，此站为二等车站。1940年，日寇开始修建同塘铁路永定河段，即现在的丰沙铁路，该工程于1945年由于日寇战败而停工。解放后，新中国继续修筑丰沙铁路，1955年修通，此后大部分列车改经丰沙线运行。1968年1月8日，西直门车务段四站被划归沙城站区，1971年8月沙城改为中心站，四站随之隶属沙城中心站。

1984年，由于车站改造，沙城站老站房被拆除。

沙城站原貌

沙城站现状

新保安车站

新保安站位于京张铁路112.5公里处，坐标：N40°26'19.79"，E115°25'28.70"，高程537米。该站建于1908年，1909年京张全线通车时投入运营。

建站之初，新保安站的外观与其他二、三等站相同，正面设有三处拱券，正中央设有一座站匾，两端墙体上镶有竖匾。现在的老站房除女儿墙、站匾被拆除外，基本保存完好，是京张铁路线张家口境内唯一一座留存下来的二、三等车站老站房。

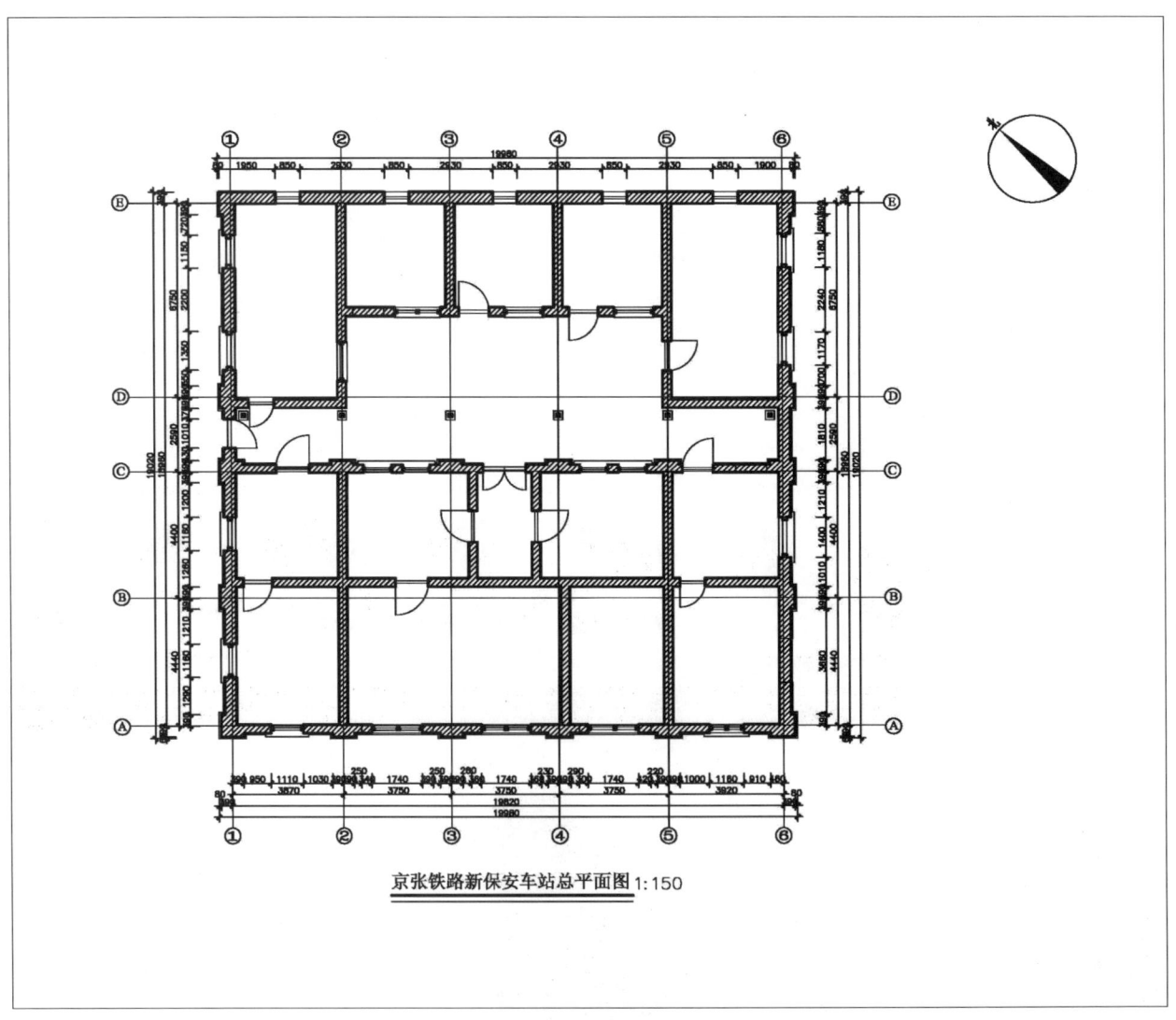

新保安车站站房平面测绘图

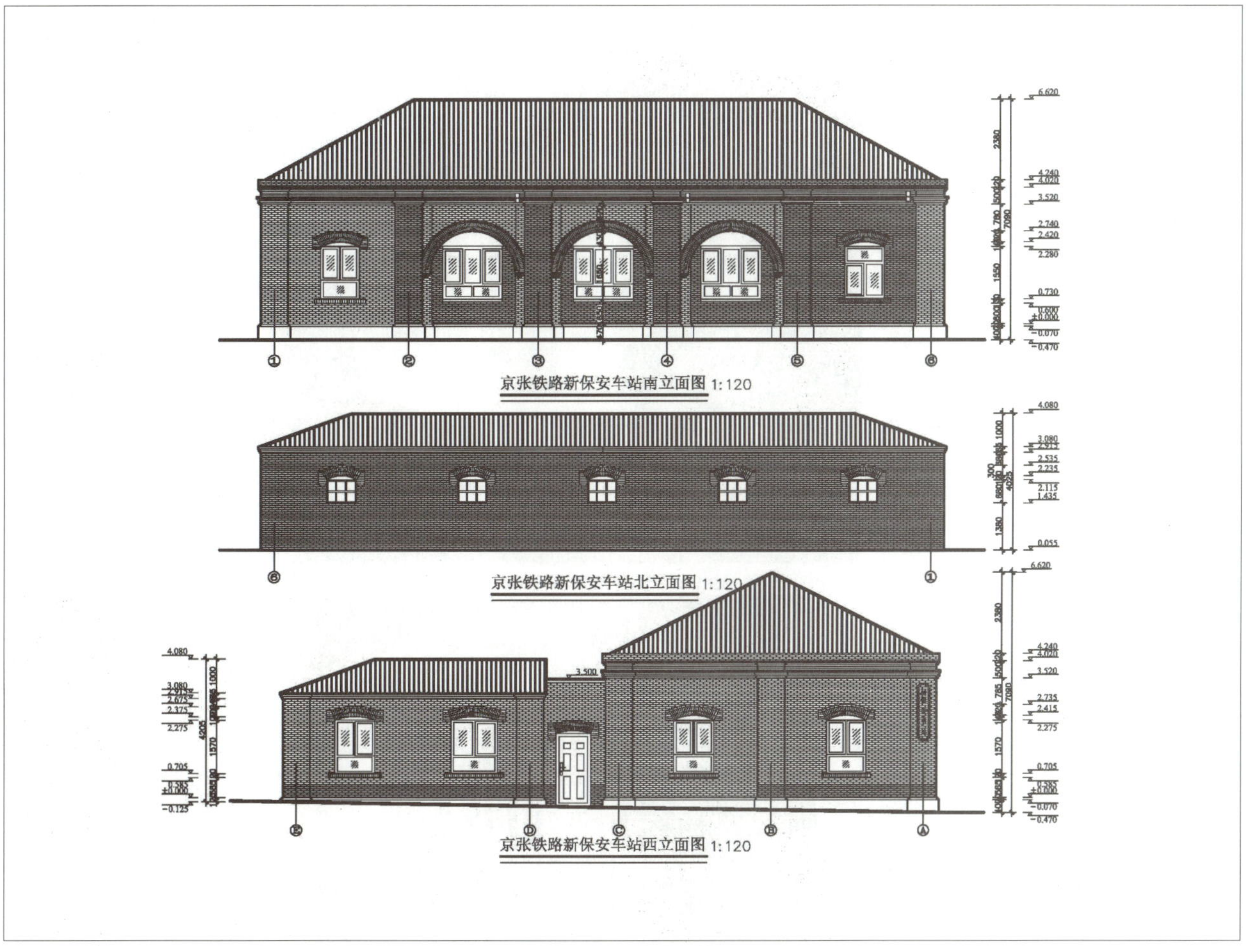

对京张铁路遗存的文物调查

京张铁路新保安车站南立面图 1:120

京张铁路新保安车站北立面图 1:120

京张铁路新保安车站西立面图 1:120

新保安车站站房正立面测绘图

新保安车站

新保安车站站房

新保安车站廊道

新保安是历史上的著名古城。据《宣府镇志》记载,明朝景泰二年(1451)筑城,城高三丈二尺,围一千二百四十丈。《旧志》又载,永乐十二年(1414)置保安卫于废州,明初徙延庆、保安州民于关内,地遂废(即旧保安);十三年复置保安州,移位于漯家站(即今新保安城)。在新保安城东北龙凤山,壁立千仞,山腹有悬洞,深三四丈,洞顶漏水叮咚,声若鸣琴,石钟、钴姆差堪比拟,俗名冰壶滴音,为"漯阳八景"之一。

新保安北靠燕山山脉,南临洋河,居京张通衢和两口(南口、张家口)中段,前锁张恒,后卫京业,素有"锁钥重镇"之称,历来是兵家必争之地。解放战争中,著名的新保安战役就发生在这里。这一战役揭开了平津战役的序幕。国民党王牌军三十五军的一个军部、二个师共一万六千人被人民解放军全歼,军长郭景云被迫自杀身亡。"新保安"这一响亮的名字载入了中国革命的史册。

西八里车站

西八里车站位于京张铁路237华里处,位于现在的京包线上。坐标:N40°26'13.80",E115°20'18.66",高程574米。现在站中心里程为134千米595米。车站因靠近西八里村而得名。

京张铁路修建初期并没有在这里设站,1942年侵华日寇设立了西八里信号所,后升级为车站。旧站房已不存,现在的站房为20世纪七八十年代新建。

西八里车站

西八里村处于怀来县政府驻地西偏北15.6公里处,在火车站的北面。据查,明朝洪武二十五年(1392)在此筑城堡,因其坐落在雷家站(即今新保安)城西8华里处,故称为西八里。

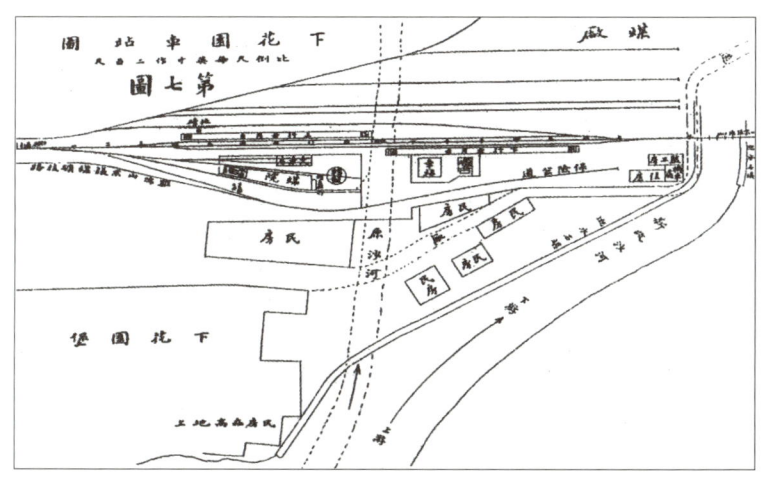

下花园车站工程图

下花园车站

下花园车站位于京张铁路177公里处,坐标:N40°29'4.55",E115°16'23.5",高程540米。始建于1908年,1909年4月2日,京张铁路铺轨至此。

传说有载,辽代萧太后游鸡鸣山,在此建上、中、下花园三座,下花园是萧太后种花的地方,故车站因此而得名。它的东西有鸡鸣山，形如孤峰，平地拔起，山峰怪石嶙峋，峭壁犹如刀劈斧砍，历史上这里曾建有宏伟辉煌的大型庙宇，驰名塞内外，每岁旧历四月十五日为庙会期，四方民众皆来此处上庙进香、游览山景。相传"唐太宗皇帝北伐至此山，闻鸡鸣，因而名之"。它的西面有"老龙背"（山名），南临洋河，地势险要，是塞外沟通内蒙与北京的要道。

下花园车站原貌

《京张铁路工程纪略》中有如下记载："第九段路线自鸡鸣驿南橛号四千四百一十号起，至响水堡东橛号四千八百七十号止，长约二十六华里，其间峰回路转，河水湍流，测勘路线惟有循崎岖之山坡，遵羊河之险岸耳，是以绕鸡鸣驿山嘴转折而北，经佛爷洞以达下花园，建筑站厂以存车辆。更由此处出支路以转输鸡鸣山煤矿之煤，由是，而金龙口、上花园、蛇腰湾、老龙背等处悉皆劈石填河，沿山敷轨。每当伏，雨水发，怒涛汹涌，卷石拔树，工程艰巨，不减第四段之开沟也。"

下花园车站现状

在鸡鸣山及玉带山等处埋藏着丰富的煤炭资源。早在1901年就有人用土法进行开采。1906年"京张煤矿"建成投产，所产之煤用马车等运往京、张等地销售。詹天佑先生据此在修建京张铁路的奏折中提到："……鸡鸣山煤苗颇旺，煤质甚佳，于机四厂、火车锅炉或可适用……"且"出煤愈多，转运别处销售也必由铁路装运，车价既廉……煤价亦必照现在减少……"由此可见当时修建下花园站及鸡鸣山煤矿支线的重要性。

下花园车站现存1909年修建的圆形水塔一座，水塔直径6.66米，塔顶水柜早已拆除。

下花园水塔旧照

下花园水塔现状

辛庄子车站

辛庄子车站地处河北省宣化县东部,位于京张铁路187公里处,现在的京包铁路线上,坐标:N40°30′59.58″,E115°10′25.75″,站中心里程为153千米735米。

据载,在唐代有辛姓人家在此定居,名为辛庄子,故车站由此而得名。

辛庄子车站于1915年建成投入生产。建站初期除一股正线外（单线），还有两股半线（半股即安全线）。那时军阀连年混战，民不聊生，京张铁路破败不堪，后来日本帝国主义侵入中国，京包铁路变成了日本侵略者的战争工具。对此抗日军民奋起反抗，给日本侵略者以有力打击。1933年7月17日，抗日民众以"抗日同盟军"的名义将辛庄子内的104号桥破坏，使京包铁路运营中断。1942年11月25日，平北军分区除奸科长穆林等人带领祁家庄18名民兵夜袭辛庄子火车站，击毙时任站长日本人肖龟，活捉了副站长。1948年11月，辽沈战役结束后，傅作义的军队驻扎在铁路沿线，打算固守华北，防止解放军南下。是年12月1日黄昏，解放军的一个团攻占了辛庄子车站，切断了铁路，将傅作义的一个兵团部、两个军、六个步兵师牵制在张家口地区。

建国以后，从1956年开始，国家对辛庄子车站站场设施进行改造，延长站内线路。1957—1958年京包线进行复线改造，同时对车站进行改造。1965年又进一步将站内道岔更换为12号大型道岔，对站内各条线路又一次进行延长。

老站房于20世纪80年代拆除。

辛庄子站现状

宣化府车站

宣化府车站位于京张铁路150公里处，因古城宣化而得名。该站建于1909年5月，京张铁路全线通车时开始正式运营，曾为分局直属一等站，拥有货运、运转和装卸四个车间和四等站侯家庙。

《京张铁路工程纪略》第八章"房厂"中对宣化府火车站建筑布局、房屋间数、房屋用途有详细记载："如第二图为宣化府车站，该站一切规模均照定制，前栋前面五间，后面六间，首尾平列。前五间居中者，旅客购票等车之厅。右二间一为男客待车室，一为女客待车室；左二间系票房及卖票员宿舍。厅后中间乃穿堂，右为电信办公室，再右二间为货票房及卖票员宿舍；左乃站长办公室，再左二间，一为食堂，一为存货房。后栋六间平列，左三间乃站长住宅，右三间为站役宿舍及厨房等杂屋。全站墙均用青砖，前栋外墙厚一砖半，内墙及后栋各墙均厚一砖。前栋梁架四座，上覆白铁瓦，四围筑以天沟，墙、檐、门窗上额涂以丹色，室内墙壁均以白垩涂之，四面装设玻璃，窗外护以百叶窗，墙角、窗台均以一三六洋灰混合土作成。房基深四尺许，用片石砌成，空处则用一四石灰浆胶灌坚实。墙基深二尺，以一六灰沙（即石灰一成粗沙六成）作成。此宣化府车站建筑之情形，其余头等站之建筑大都如是。"

宣化府车站旧照

京张铁路河北段文物遗存调查

日本侵入宣化后,占领了宣化府车站,并修建宣旁支线,宣旁铁路的终点即龙烟铁矿。宣旁支线作为掠夺中国煤铁资源的重要工具,对中国人民及资源都造成了无法弥补的伤害,记载着那段沉痛的历史。

宣化府车站历史近百年,具有鲜明的时代建筑特色。现存老建筑共由三部分组成:第一部分为清宣统元年(1909)始建的宣化府火车站。该建筑长27.75,宽9.84米,高6.47米,面积273.06平方米。第二部分为民国时期在清代火车站建筑东面扩建部分,建筑长15米,宽19.5米,高7.88米,面积410平方米。第三部分为在清代火车站建筑后面,民国时期加建的一排工作用房。建筑长15.72米,宽7.7米,高4.34米,面积121.04平方米。

宣化府车站站房现状

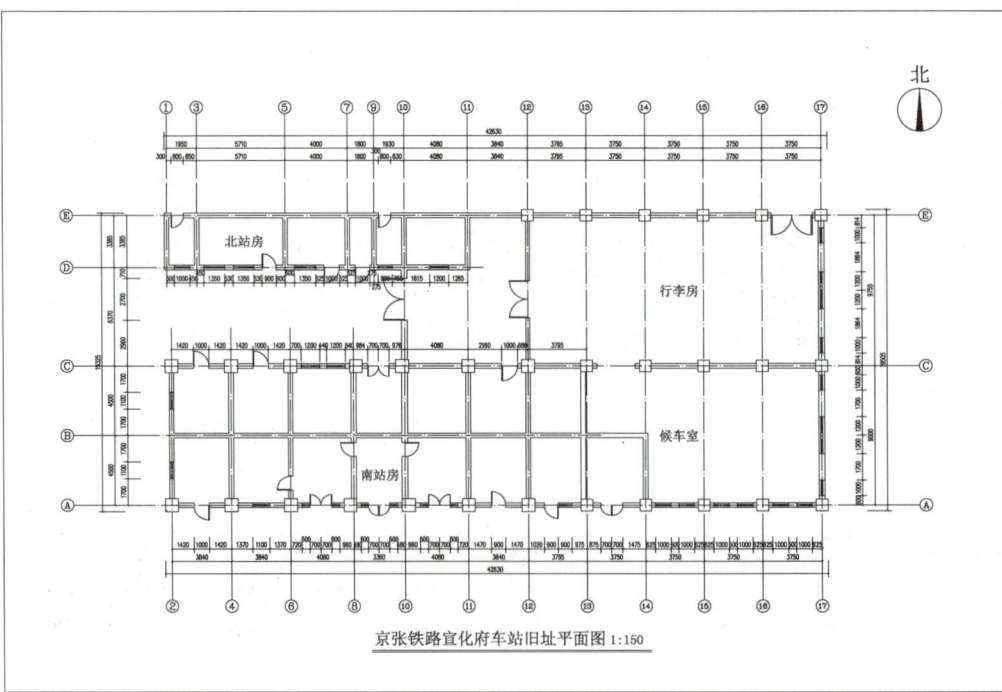

宣化府车站站房平面测绘图

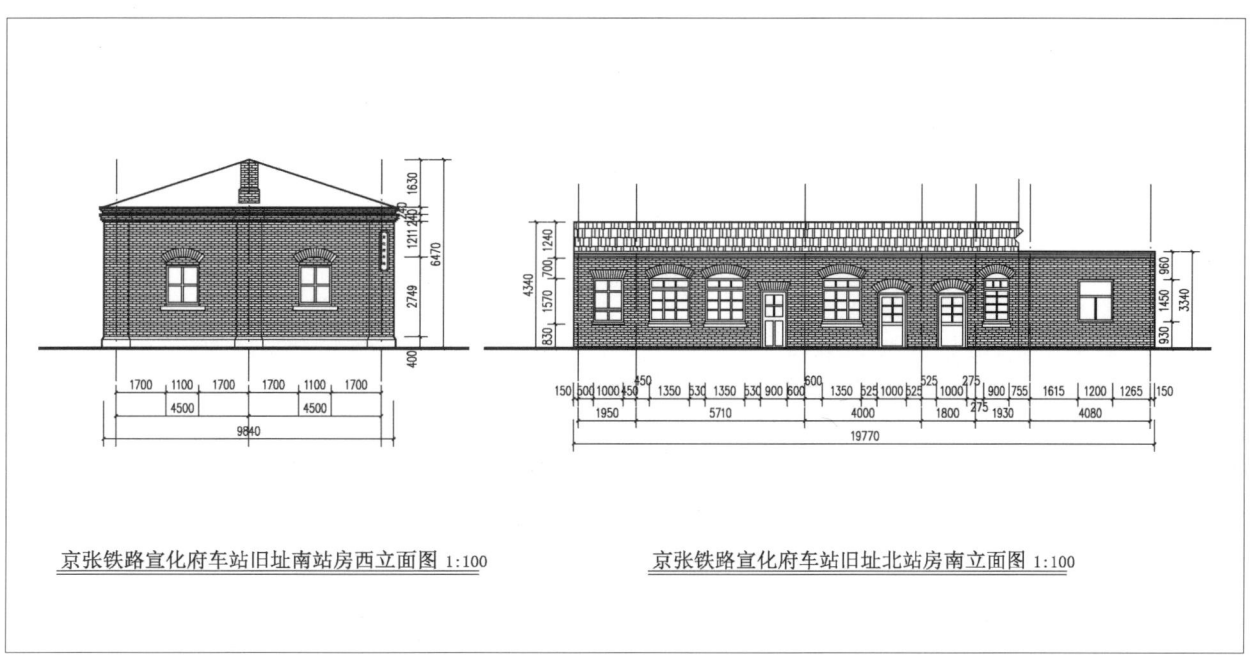

宣化府车站南站房西立面、北站房南立面测绘图

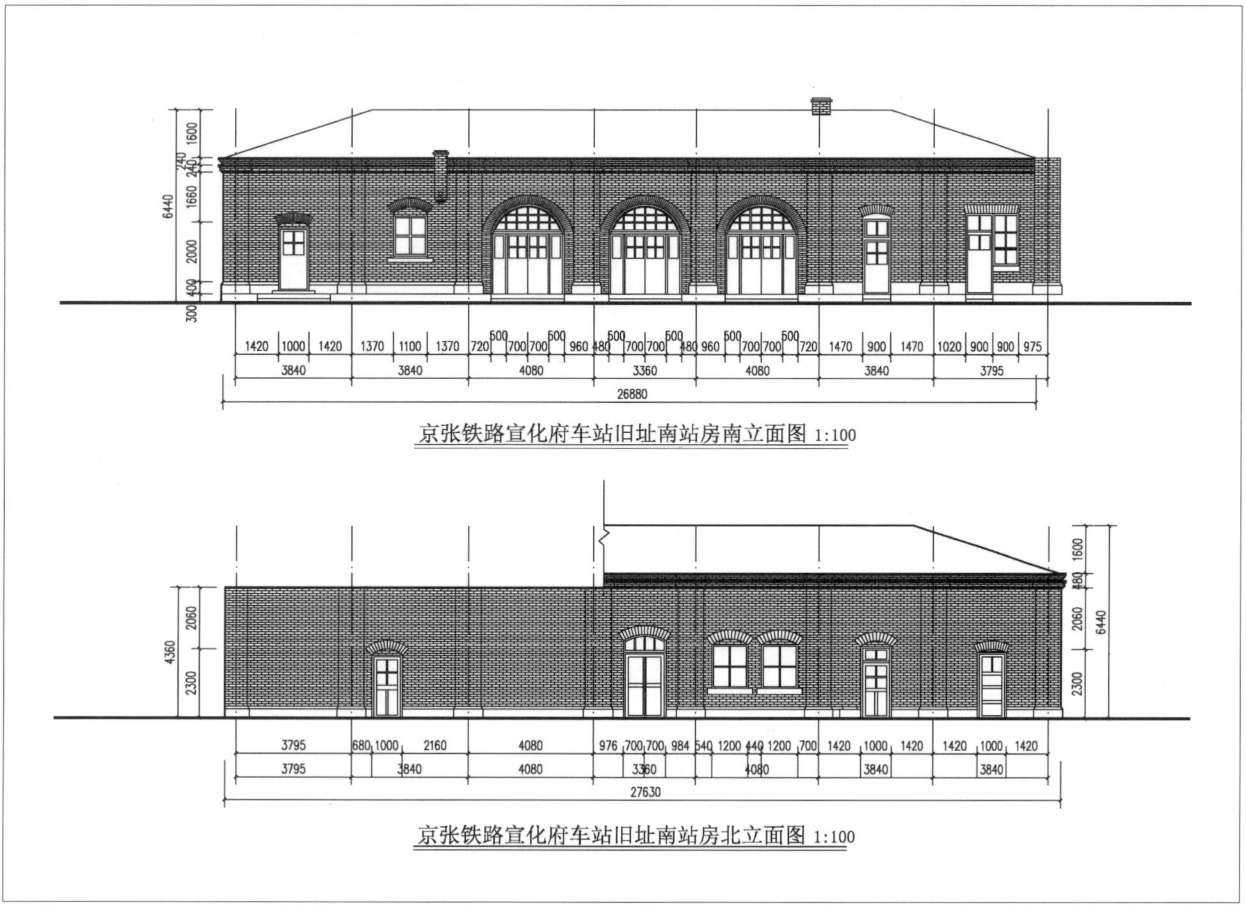

宣化府车站南站房南北立面测绘图

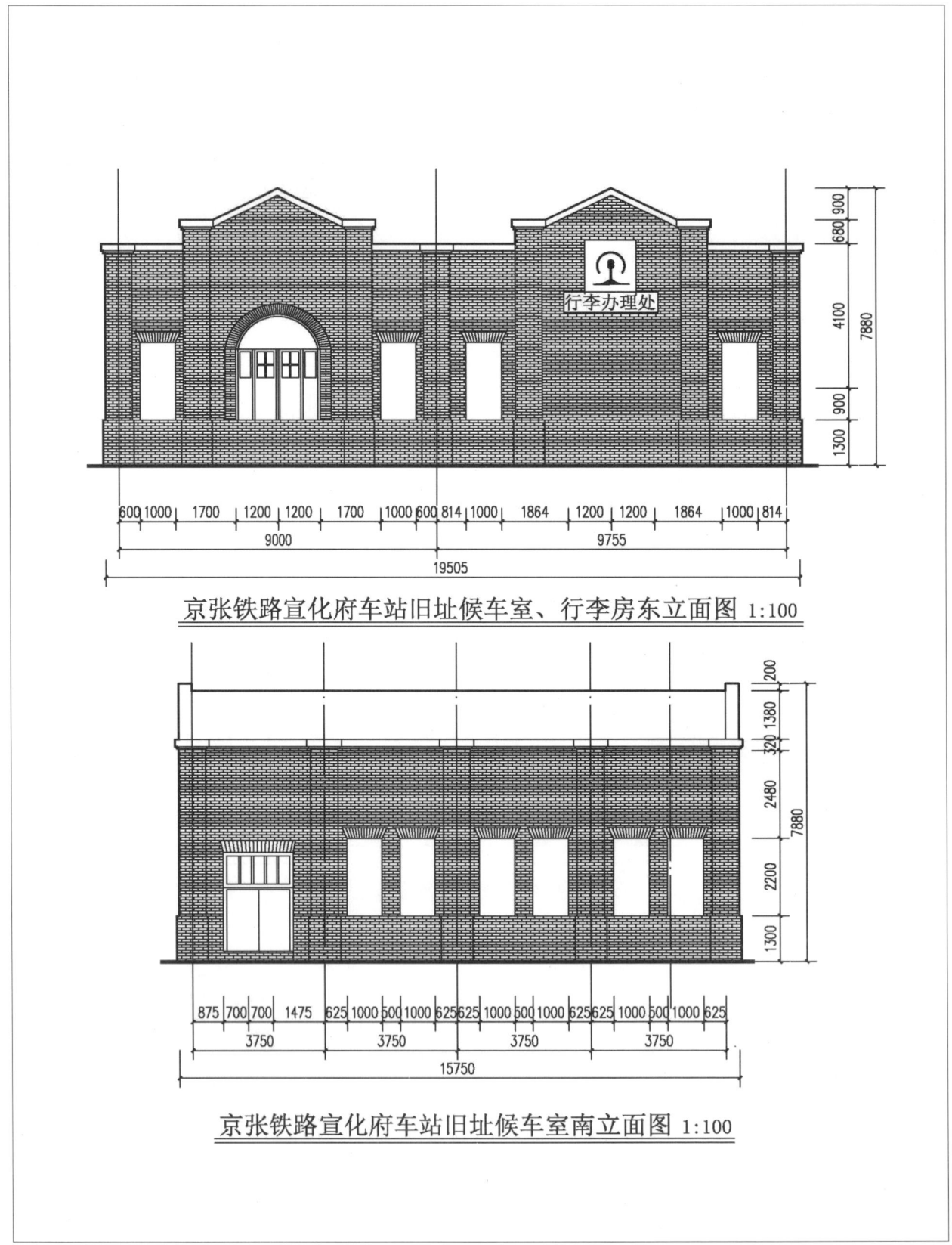

宣化府车站行李房东、南立面测绘图

该站站房现仍作为办公场所,其主体结构基本没变,为青砖铁皮顶,屋顶是五脊四面。但经过百年变迁,站房外貌发生了很大变化,站房顶部"宣化府车站"站牌被拆除,站房大厅的门洞已加门窗。现站房门窗被粉刷为绿色,门洞、柱、房顶以及下面三分之一的墙面被粉刷为红色,其余部分被粉刷为白色。门上有20世纪30年代的日式斜拉手,东侧墙面仍刻有"宣化府车站"字样。宣化府车站记载着中国的一段屈辱历史,承载着京张铁路百年的沧桑历史,为我们留下了一段血与泪的沉痛记忆,却也镌刻着宣化经济发展的光辉历程。

"宣化府车站"标志

该站现为区级文物保护单位,2005年宣化区政府划定了保护保护范围:以宣化府车站老候车室四周墙基外皮为基线,向东外扩10米至候车大厅西墙,向南外扩9米至站台北边,向西外扩10米至行包办理处院内,向北外扩10米至检票口广场。建设控制地带:以保护范围边线为基线,向东、西、北三面各外扩10米。

沙岭子车站

沙岭子站位于京张铁路163.5公里处，坐标：N40°40′18.95″，E114°55′7.25″，高程657米，在现在的京包线上，站中心里程为182千米324米。

沙岭子乡地处洋河北岸，柴沟堡—宣化盆地的腹地，土质肥沃，系灌淤土，是宣化县主要产粮区。据"三官庙碑文"载，清朝嘉庆年间（1796）此地名永安堡，因遭洪水冲毁，村民北移一里，迁至今址。在村南有洋河积淤的沙岭一座，故改名为沙岭子村。沙岭子车站因此得名。

早在本世纪初，即1908年，我国最早的铁路工程师詹天佑先生修建京张铁路时，沙岭子车站就建成投入使用了。建站初期只有正线一股、站线两股，另有一条安全线。当时的站场长度仅有700米，最长的到发线有效长仅有415米。

建国以后，国家投入大量资金对沙岭子车站进行改造，位于铁路线东侧的老站房于20世纪90年代被拆除，旧站已不存，新站房修建在站场西侧。

沙岭子车站原貌

沙岭子车站远景

沙岭子车站现状

京张铁路河北段文物遗存调查

宁远站

宁远车站位于京张铁路171公里处，京张铁路通车时没有在此设站。1919年，当时的京绥铁路局于宁远堡北侧增建了宁远车站。因张家口南站的兴建而于1956年5月11日撤消。

张家口车站

张家口火车站（北站）坐落在桥东区东安大街62号，坐标：N40°48'42.3"，E114°52'58.5"。占地面积约38.9万平方米。张家口火车站是京张铁路的终点站。张家口火车站建成后，曾是张家口市的标志性建筑。站区由站舍、站前广场、候车站、站台、风雨棚、站场等组成，站场呈纵列式。线路四条，其中正线一条，站线三条。耗银20000两。机车主要为日本式蒸气机车。京张铁路是由中国杰出的爱国工程师詹天佑主持修建，依靠国内人民自己的智慧和力量进行勘测设计并施工修建的第一条国有铁路，工程享誉中外。

张家口车站在京张铁路通车之初位于356华里处，是一座头等车站，站房等级为全线最高，初建成时为南北走向九间，并设有九座券门。现存站房系民国初期在原站房基础上，向南、向北各扩建出一间，为横向十一间的建筑，设十一座券门。西侧为单斜顶，东侧为双面坡。院内七个立柱，柱高3.5米，院外东侧有十一个门拱。房高5米，宽12.5米，长45.8米。站房南侧墙壁上为詹天佑亲笔题写的"张家口车站"竖向匾额，为张家口北站建站时最早标志之一，也是张家口北站现存的最早标志。1909年7月4日，京张铁路铺轨至张家口站；9月24日全线竣工，于张家口举行盛大观城典礼。1910年展筑张绥铁路后，京张正线改为经由大弯道而接入张家口车站的线路，站中心里程改为179公里，本站为京张铁路的终点。

全长273公里的京张铁路，穿越古称"天险"的长城要塞居庸关、长达1091米的八达岭隧道，过响水堡后鹞儿梁等艰险地段，地形复杂，工程浩大，由南口至八达岭高低相差就达600米。在设计中，詹天佑为了减少线路坡度和山洞长度，在青龙桥东沟采用了"人"字形爬坡路线，又运用两台大马力机车调头互相推轨的方法，解决了坡度大导致机车牵引力不足的问题。这是詹天佑设计中的独创成果。在施工中，詹天佑采取了土洋结合的措施，解决了修筑铁路隧道工程中定向、出水、塌方、通风等问题；并因地制宜，就地取材，用自造的水泥和当地的石料建成石桥以代铁桥，使线路的成木大大降低，实现了"花钱少、质量好、完工快"三个目标。清廷在京张铁路验收报告中云："鸠工之初，外有每疑华员勿克胜利。迩来欧美士夫远来看视，啧啧称道，金谓青龙桥、鹞儿梁、九里寨三处省去洞工，实为绝技。"

对京张铁路遗存的文物调查

当年,英俄两国竞相争夺筑路权互不相让,不得已才默许清政府自力修建。但外国人认为中国人根本不可能修筑成这条铁路,并扬言:中国想不靠外国人自己修铁路,就算不是梦,至少也要过五十年才能实现。清政府将这件"难活儿"交给了从美国耶鲁大学毕业,专习铁路工程并在关内外铁路工程中有卓越表现的工程师詹天佑,派他出任京张铁路总工程师兼局务总办,由他主持第一条由中国人自己设计和施工的铁路——京张铁路的建设。清光绪三十一年(1905年5月初),詹天佑率领勘测人员自丰台开始实地勘测,当年5月31日到达张家口。6月24日,詹天佑在天津提交京张铁路局踏勘及调查报告。9月,京张铁路正式施工。清宣统元年(1909年10月)2日,工程历时4年的京张铁路全线通车,比原计划提前两年;工程共耗银693.5万两,比原预算节约28.8万两。京张铁路的修建在中国和世界铁路史上留下了光辉的一页。

孙中山1912年9月视察京张铁路时在张家口火车站留影

京张铁路沿途设16个站点,终点就是有北方"旱码头"之称的塞外名城张家口,站址就在桥东区。在北站当年站舍的女儿墙上,除了悬着题有"张家口车站"的石匾外,还有一行英文字母"KALGAN",为蒙语"嘎勒干"的音译,意为"旱码头"。

1909年10月2日,清政府分别在北京南口和张家口举行了京张铁路通车剪彩的盛大典礼。在北京举行的剪彩仪式上,詹天佑在人群的欢呼声中,庄严宣布中国人自己修建、管理的国有铁路——京张铁路正式落成通车。典礼仪式结束后,詹天佑乘坐第一列火车来到张家口,察哈尔都统诚勋亲自到车站迎接。在张家口举行的剪彩仪式上,清政府邮传部尚书盛宣怀参加了这一盛典,直隶省北兵备道道台、二品顶戴成和亲自为这次通车典礼剪彩。张垣百姓云集火车站,观看通车盛况。1912年9月6日,孙中山在耿觐文、曾绍文、魏宸祖、方声涛、詹天佑的陪同下视察京张铁路,并在张家口火车站和火车站职员、司机以及政界要人合影留念。1934年11月3日至4日,蒋介石在绞杀察哈尔民众抗日同盟军之后,也视察了张家口,是夜在火车站的铁甲车厢内留宿。

张家口车站原貌

张家口车站(东南向西北)

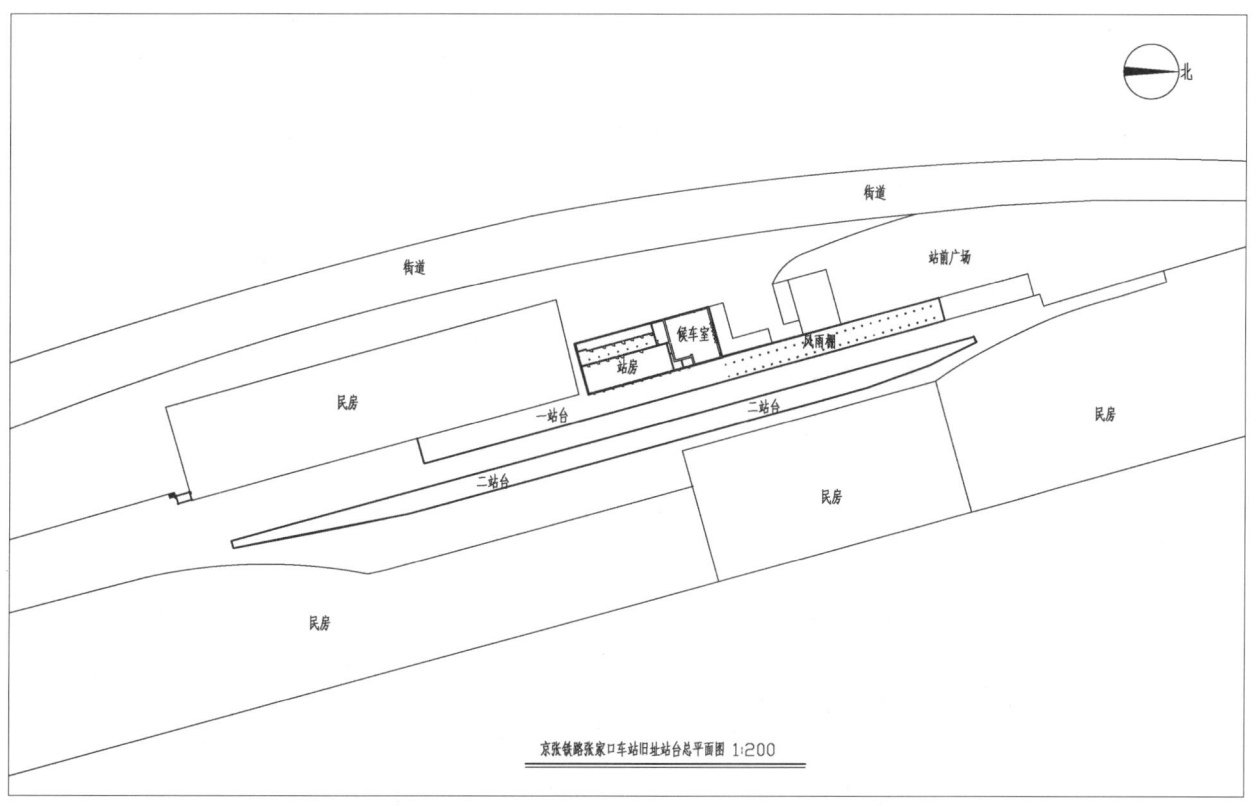

张家口站总平面图

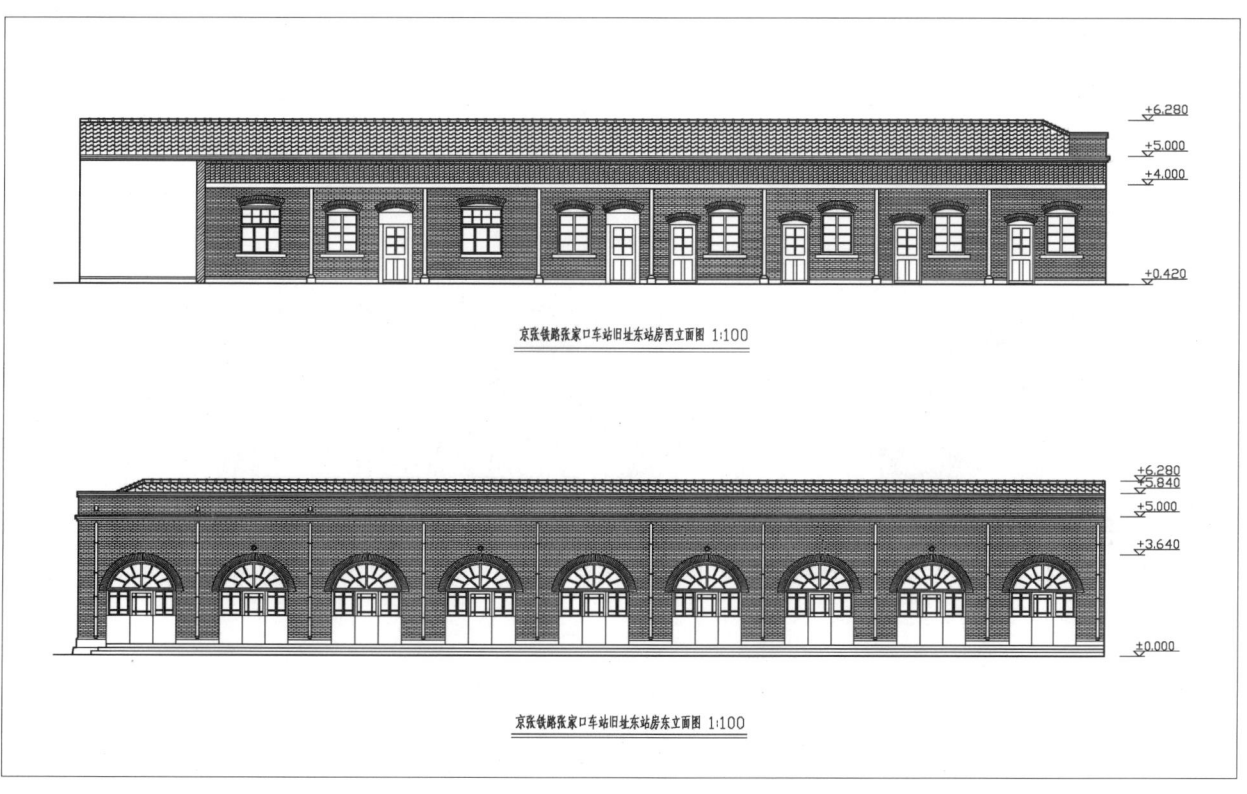

东站房测绘图

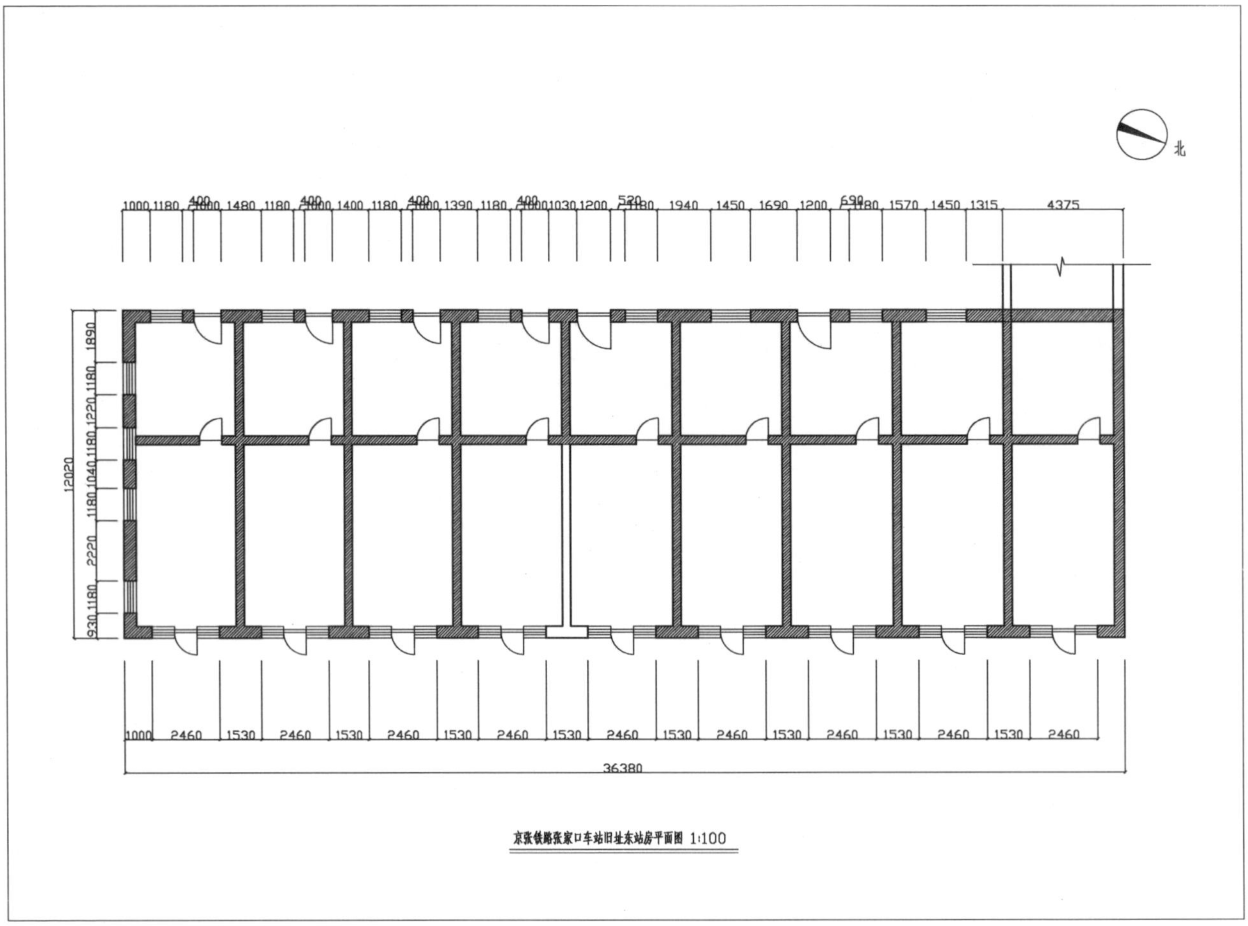

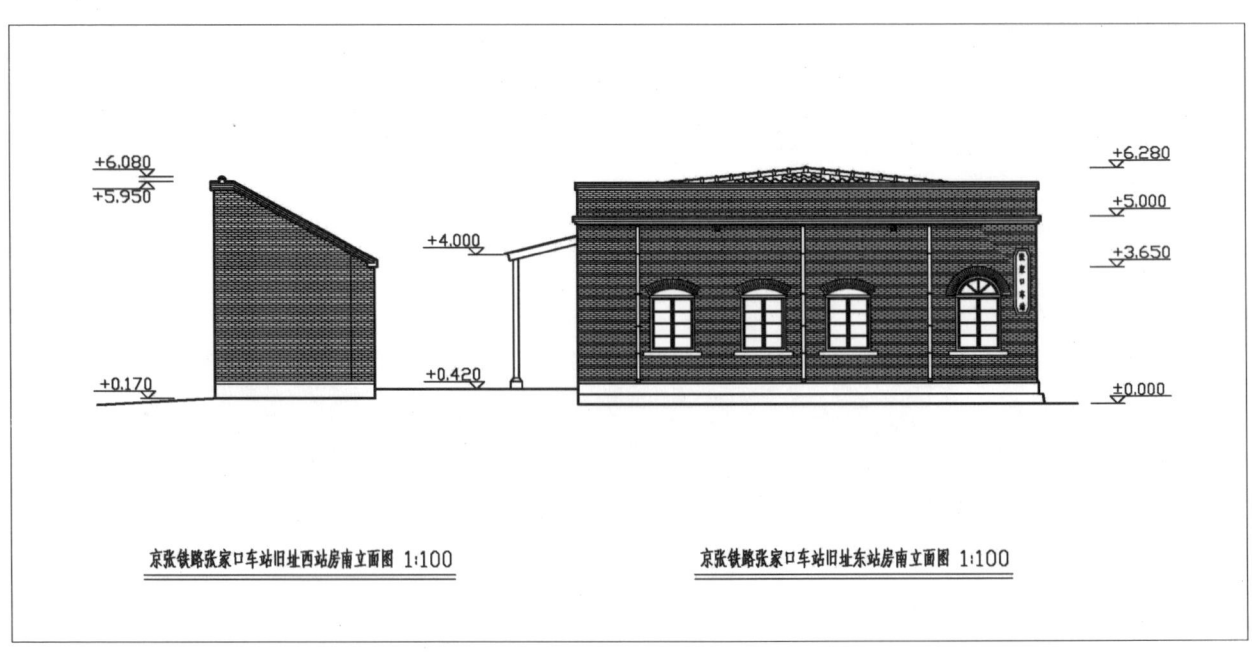

东站房平面测绘图

东站房南立面测绘图

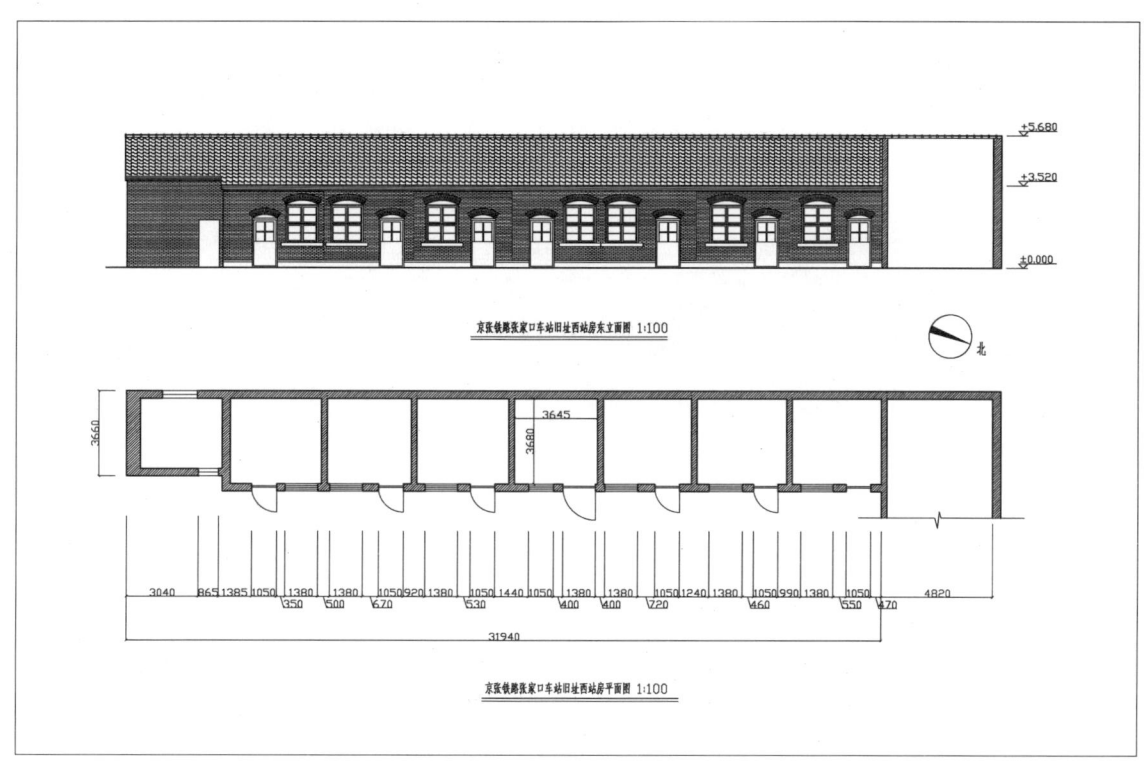

西站房测绘图

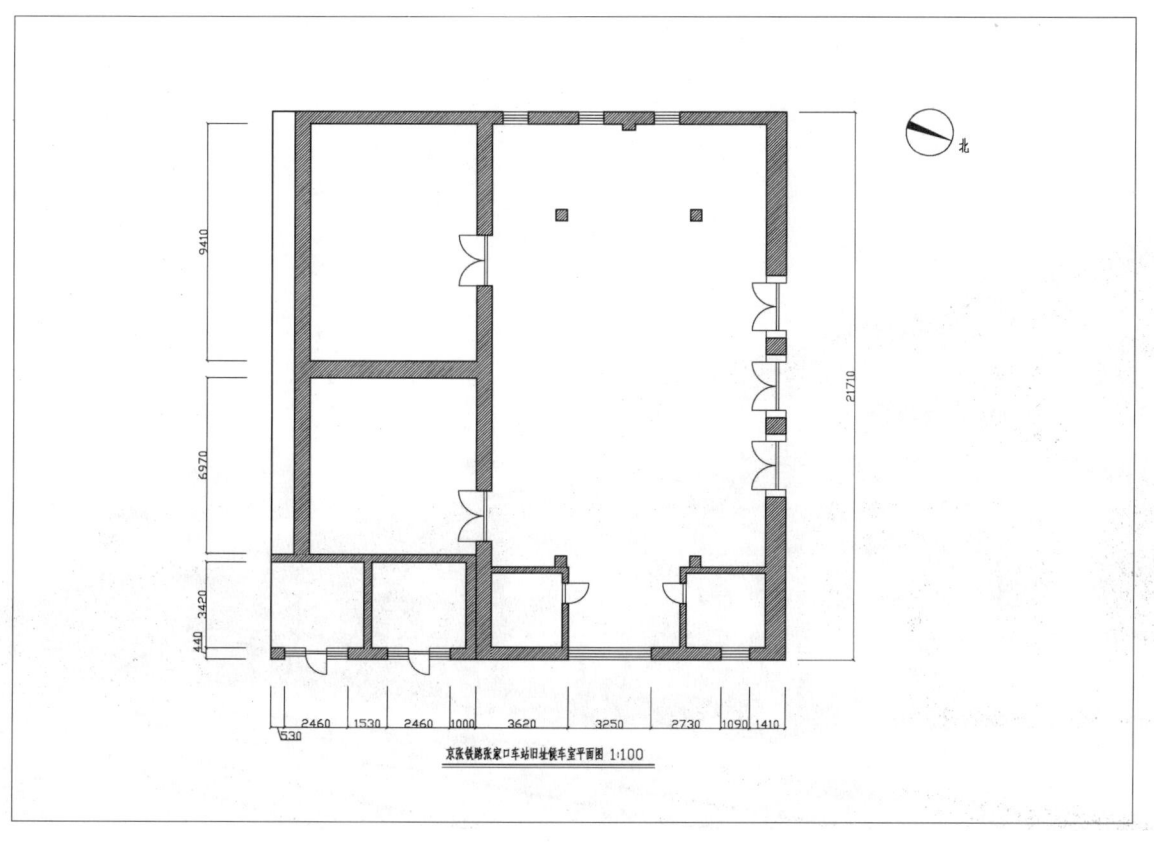

候车室平面测绘图

候车室东立面测绘图

站台雨棚（东南向西北）

对京张铁路遗存的文物调查

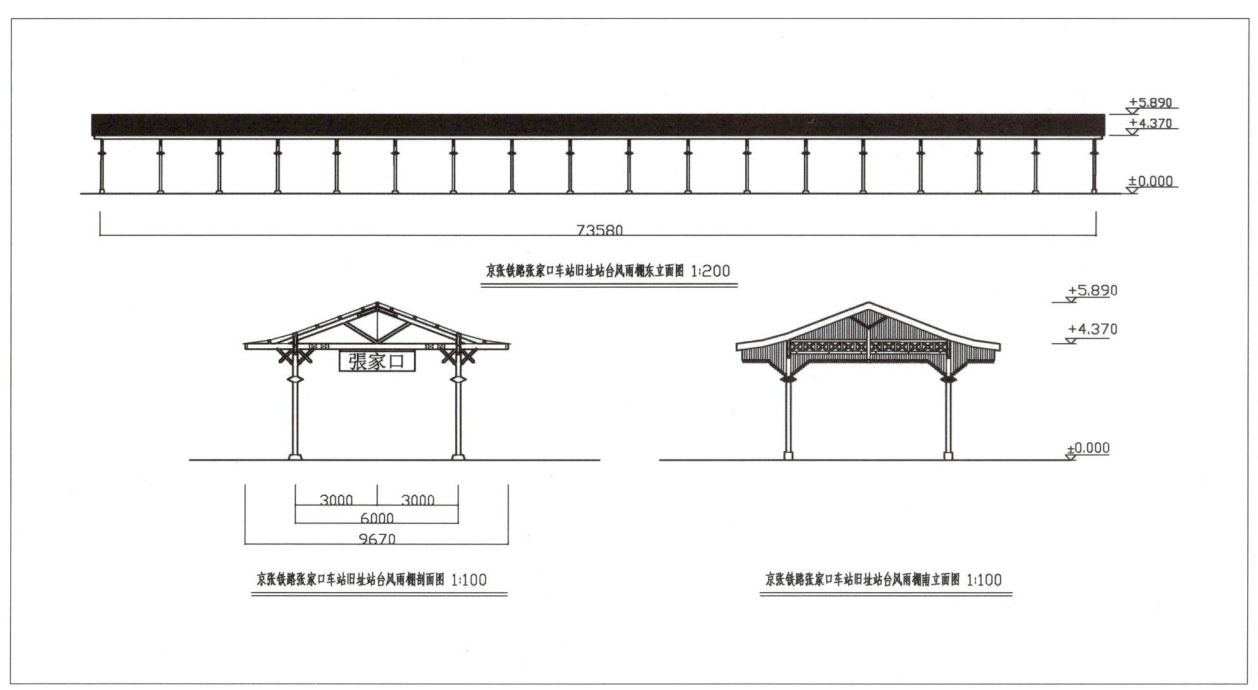

站台雨棚测绘图

站台作为铁路不可缺少的附属建筑，在当时发挥着不可代替的作用，经过百年的变迁，功能依旧。2014年7月1日零时起，具有105年历史的张家口站停止办理客运业务。

站内铸于1898年的铁轨

站内铸于1908年的铁轨

（三）京张铁路桥梁调查

京张铁路初建成时，规模不等的桥梁多达125座，在这百余座桥梁中，康庄至鸡鸣驿间的怀来河56号大桥属全线关键工程之一。它全长213.36米（700英尺），以7座30.48米（100英尺）的钢梁相互衔接，故有7孔。新中国成立后，因修建官厅水库，京张铁路在康庄至狼山间改线，新建妫水河特大桥，怀来车站随怀来县城一起淹没。其他桥梁遗存现状如下：

石桥子村后52号桥

位于怀来县东花园镇清水河村西北约600米的道路交叉处，坐标：N40°22'32.64"，E115°50'42.49"。东200米为林场，南300米为在建的京张高铁，北、西为耕地。

该桥原为一座每孔9.6米的两孔上承式钢板梁桥，于1907年冬季开工建设，桥墩采用椿柱法（即在桥墩下方打入多根椿柱，利用椿柱侧面粗糙的摩擦力使桥墩更加稳固）。另外，该段线路所跨河道为季节河，平时干涸，雨季水流湍急，故地基用水泥包裹片石、沙土浇筑30.48厘米。

该桥现存三座废弃桥墩东西向排列，桥梁及桥面不存，桥台两侧路基被挖断，东侧桥墩损毁，由残块可见桥墩内含有大量石块。中间及西侧的两座桥墩保存完整。桥墩间距9.2米，高2.08米，上视平面呈不等边六边形，中间两边长，两头四边短。墩帽长4.7米，宽1.2米。墩柱长4.6米，宽1米。

52号桥原貌

对京张铁路遗存的文物调查

52号桥现状（由西向东）

掩映在杂草丛中的52号桥台（由西向东）

马圈子53号桥

位于怀来县东花园镇马圈子村东侧,原为一座跨度3.5米的单孔上承式钢板梁桥,现存桥台下方的水泥印记和一处低洼的土路。

马圈子村东53号桥(由西向东)

54号桥

位于怀来县东花园镇太师庄村北约1800米南禾硕营附近的水下,坐标:N40°22′26.89″,E115°49′7.80″。原为一座跨度3米左右的单孔上承式钢板梁桥,康狼改线后,此桥被废弃。初春时节官厅湖水位下降时,可见残存桥墩露出湖面。

54号桥

南和硕营55号桥

位于康狼改线起点以西5.84千米（原89千米+820米），是一座跨度6.096米的上承式钢板梁桥。1955年康狼改线后被废弃，淹没于官厅湖。

怀来河56号桥

位于康狼改线起点6.85千米处（原90千米+830米），为一座每孔30.48的七孔上承式钢桁梁大桥，总长

南和硕营55号桥原貌

213.36米。7孔钢桁梁由英国制造。1955年，康狼改线后，怀来河大桥钢桁梁、枕木、钢轨等被拆下运走，桥墩桥台沉入水底。

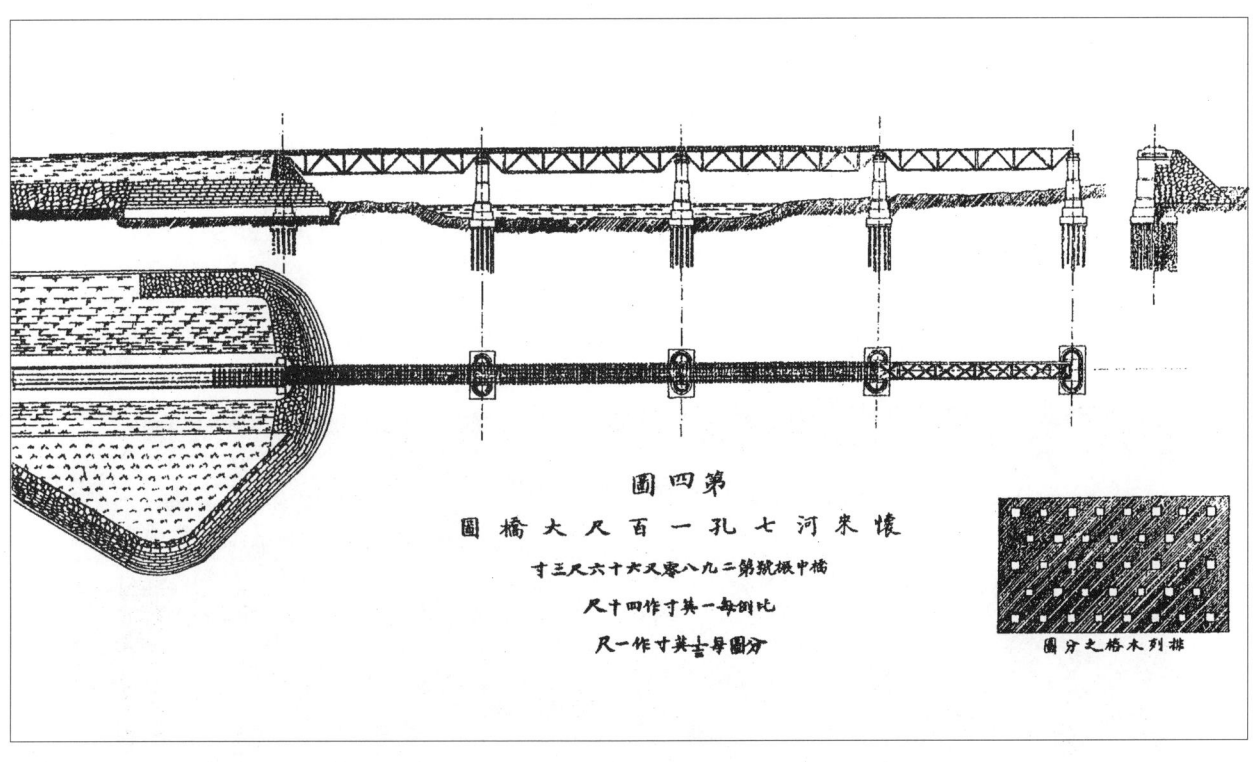

怀来河56号桥工程图

怀来河 56 号桥原貌

怀来河 56 号桥正面照

63号桥

位于怀来县狼山乡六街村东410米处，坐标：N40°22'05.92"，E115°43'48.32"，建于1908年4月，为每孔3.65米的三孔上承式钢板梁桥，1955年改线后，钢梁被拆除，仅存桥墩及桥台，现在桥墩间被填土后改为乡村道路，只露出东侧的部分桥墩及桥台。

63号桥（由东北向西南）

64号桥

位于怀来县狼山乡六街村东170米处，坐标：N40°22'01.22"，E115°43'40.48"，为每孔3.65米的两孔上承式钢板梁桥，1955年停用，现存两座桥台及一座桥墩。

64号桥

65号桥

位于怀来县狼山乡六街村东,坐标:N40°21′58.27″,E115°43′34.75″,为跨度3.65米的单孔上承式钢板梁桥。1955年改线后废弃,现存两侧桥台保存完整,被掩埋在生活垃圾中。

65号桥现状

66号桥

位于怀来县狼山乡五街村南,坐标:N40°21′47.06″,E115°43′15.40″,为跨度3.65米的单孔上承式钢板梁桥。1955年改线后废弃,现存两侧桥台损毁严重。桥台上部后建石墙,架起一道铁管。

66号桥桥墩(由南向北)

67号桥

位于怀来县狼山乡三营村东北1220米，坐标：N40°21'38.08"，E115°42'59.63"，为跨度6.096米的单孔上承式钢板梁桥，1955年改线后被废弃，现存两侧桥台保存比较完整。

桥台保存基本完整（北向南）

护坡被损毁

在67号桥西侧桥台的桥帽上,有一处内容为"B.M.1573.08"的印刻。"B.M."代表高程,"1573.08"为海拔值,单位为英尺。

67号桥西侧桥台桥帽上的刻印

70号桥

位于怀来县狼山乡三营村西560米,坐标：N40°21'15.97",E115°41'52.49",距离狼山站1千米。原为跨度6.096米的单孔上承式钢板梁桥,1955年改线后被废弃,现桥台保存完好。桥洞改为涵洞,涵洞上部填土,并利用旧桥台架了一座水泥桥,作为进出三营村的通道。

70号桥(南向北)

在70号桥西侧桥台的桥帽上,有一处内容为"B.M.1601.30"的印刻。"B.M."代表高程,"1601.30"为海拔值,单位为英尺。

70号桥西侧桥台桥帽上的刻印

71号桥

位于狼山站东,为单孔上承式钢板梁桥,桥墩及桥台犹在,桥梁改为混凝土简支梁。

71号桥(由北向南)

狼山72号桥

位于狼山车站以西,为每孔跨度9.14米的两孔上承式钢板梁桥,桥台两侧护坡的下半部分用混凝土与石块砌成,用于防水,上半部分用石块砌成,用于排水。经过不断改造,此桥原貌不存,护坡形状基本不变,石砌部分用水泥抹缝。

狼山72号桥原貌

狼山72号桥现状

五营梁玉带沟73号桥

位于怀来县五营梁,跨越一处名为玉带沟的沟壑,此桥为三孔上承式钢板梁桥,每孔跨度9.14米,桥墩及桥台保存完整,桥梁改为混凝土简支梁。

五营梁玉带沟73号桥原貌

五营梁玉带沟73号桥现状(由北向南)

74号桥

从73号桥沿铁路往西1.7公里为74号桥,原为单孔上承式钢板梁桥,现改为混凝土简支梁桥。

74号桥(由东向西)

74号桥北侧

老营洼75号桥

位于怀来县老营洼，为每孔跨度9.14米的两孔上承式钢板梁桥，桥墩高4.57米，两侧桥台旁边用石块砌成护坡，西边桥台北侧设有混凝土挡水墙。现在桥梁由钢板换为混凝土简支梁。75号桥北侧为新建京张高铁。

老营洼75号桥原貌

老营洼75号桥现状（由南向北）

土木西沙河76号桥

位于怀来县土木镇西沙河上,东1.5千米处为老营洼75号桥。初建时是一座每孔跨度3.65米的十三孔上承式钢板梁桥,现由钢板梁北混凝土简支梁代替。

土木西沙河76号桥原貌

土木西沙河76号桥(由南向北)

土木西沙河76号桥（由东南向西北）

京张铁路出土木往西，需经过一段长约1.6千米的路堑。为方便行人、车马通行，修建铁路时，在此处建了一座木质跨路天桥，现在木桥已消失。

土木西跨路天桥工程图

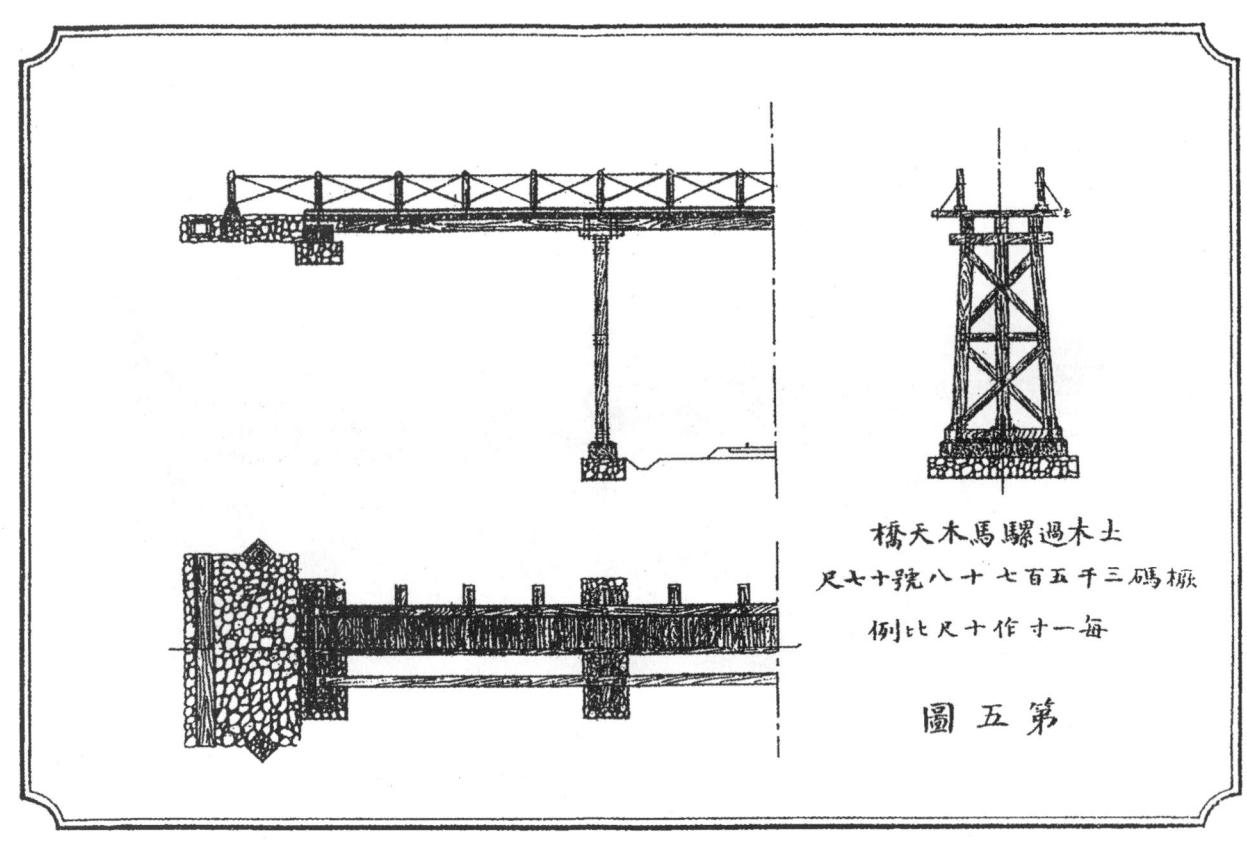

小土木寨过马车天桥

太平沟77号桥

位于土木站以西3千米，原为一座跨度9.144米的单孔上承式钢板梁桥，现原貌不存。

太平沟77号桥原貌

沙城东沙河78号桥

位于沙城站东1千米处,原为一座每孔9.144米的六孔上承式钢板梁桥,现存桥墩、桥台为原建,钢板梁改为混凝土简支梁,作为上行线桥梁使用。

沙城东沙河78号桥原貌

沙城东沙河78号桥(西北向东南)

78号桥桥墩（由东向西）

86号桥

位于新保安城西北，1909年通车时为一座跨度10米的单孔上承式钢板梁桥，后改为两孔。该桥现作为上行线桥梁使用，东西两侧桥台为原桥墩，桥梁改为混凝土简支梁。

86号桥（北向南）

鸡鸣驿87号桥

位于西八里站西1.6千米,最初为一座八孔上承式钢板梁桥,最西侧一孔跨度6.66米,其余七孔跨度3.94米。该桥几经变迁,现为一座混凝土简支梁三孔桥,作为上行线桥梁使用,仅剩东侧一座粉刷着"0"的桥墩为老桥墩。

鸡鸣驿87号桥原貌

鸡鸣驿87号桥现状(西向东)

90号桥

位于鸡鸣驿南约500米处,初建成时为每孔6.66米的三孔上承式钢板梁桥。该桥现为一座五孔桥,作为上行线桥梁使用。

90号桥(由北向南)

油黄沟97号桥

位于下花园车站南行500米处,坐标:N40°28'49.49",E115°16'44.08",为一座每孔跨度10米的上承式钢板梁桥。现桥墩桥台依旧,桥梁改为混凝土简支梁,作为上行线桥梁使用。

油黄沟97号桥原貌

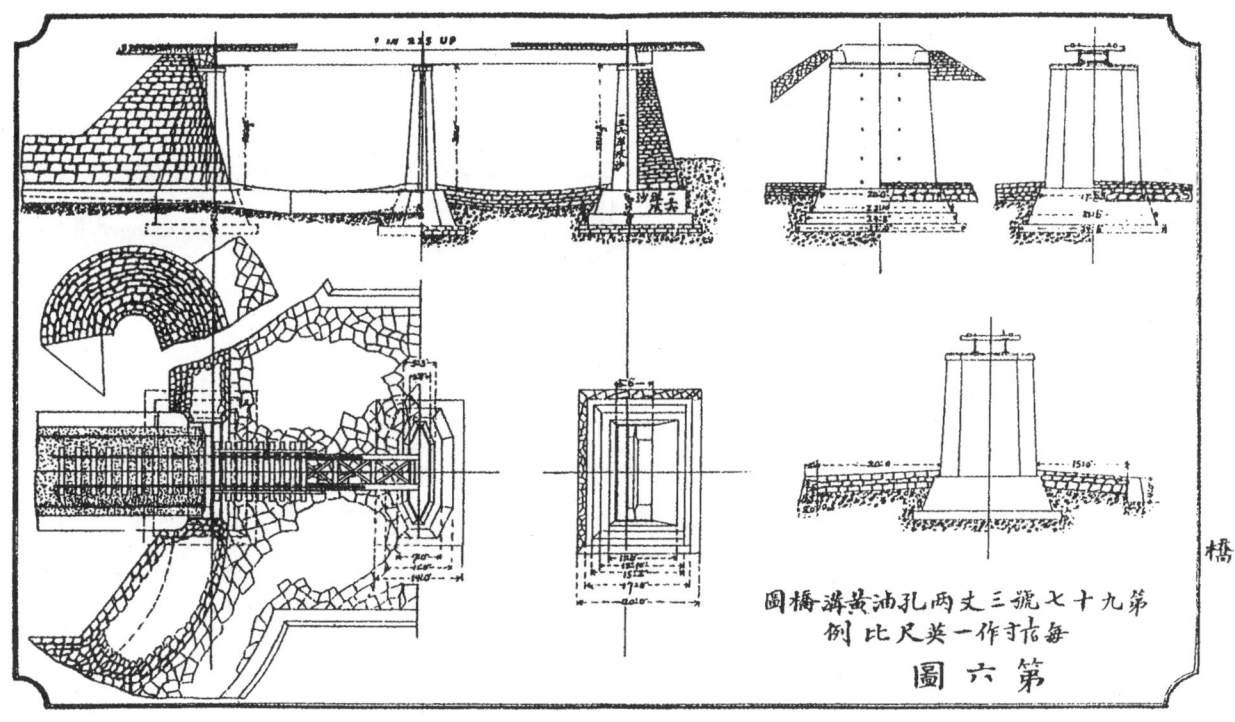

油黄沟97号桥工程图

下花园沙河98号桥

位于下花园车站南侧,原为每孔跨度6.66米的五孔上承式钢板梁桥,现仅剩三孔。下花园沙河改道时,在该处铺设了一段长500多米的迎水坝。

下花园沙河98号桥其中两孔原貌

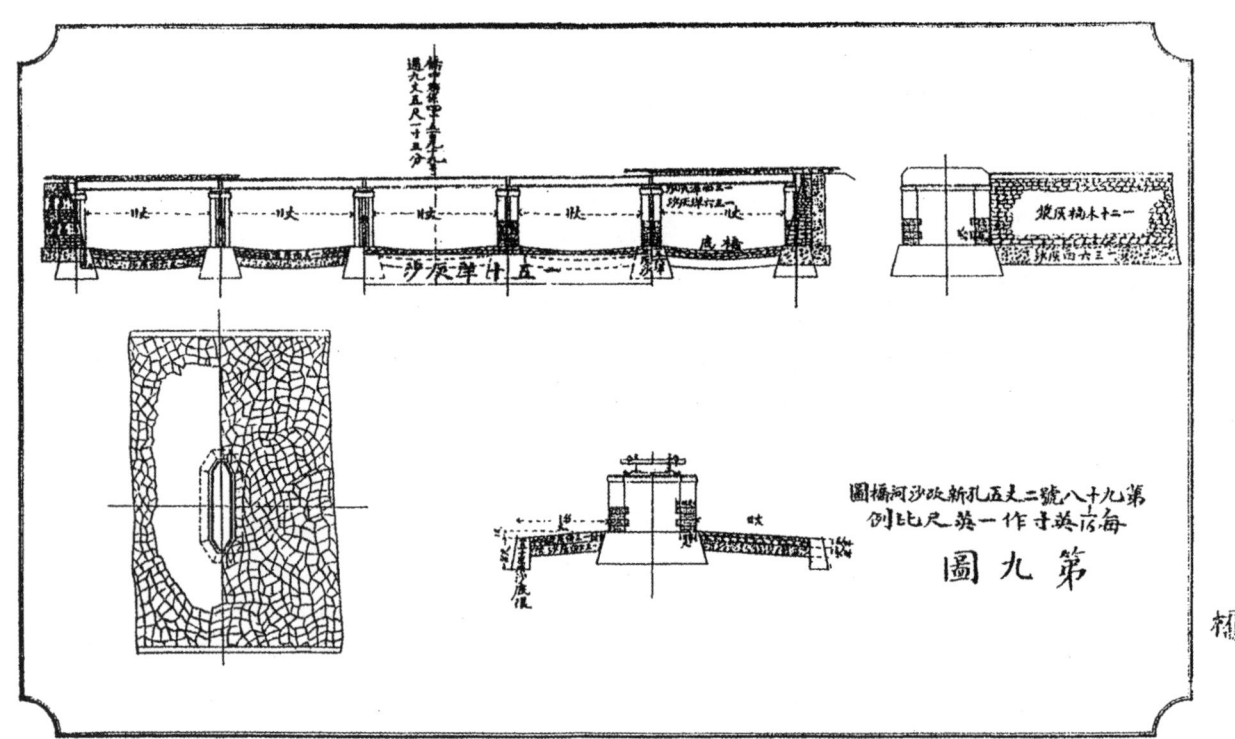

下花园沙河 98 号桥工程图

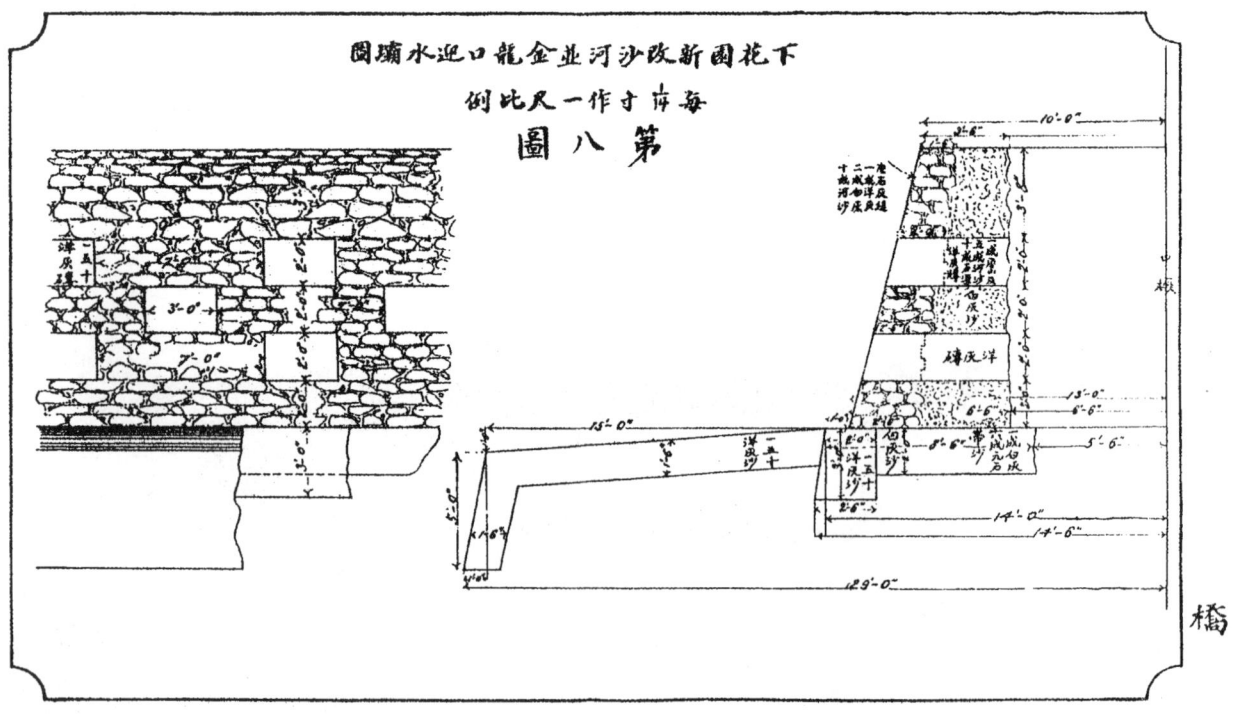

下花园沙河迎水坝工程图

金龙口99号桥

位于下花园站西900米处，初建成时，为一座十八孔上承式钢板梁桥，靠东八孔每孔跨度为6.66米，靠西十孔每孔跨度为10米。该桥现仍为十八孔，作为上行线桥梁使用，仅剩两端桥台为初建时的旧桥墩。

金龙口99号桥原貌

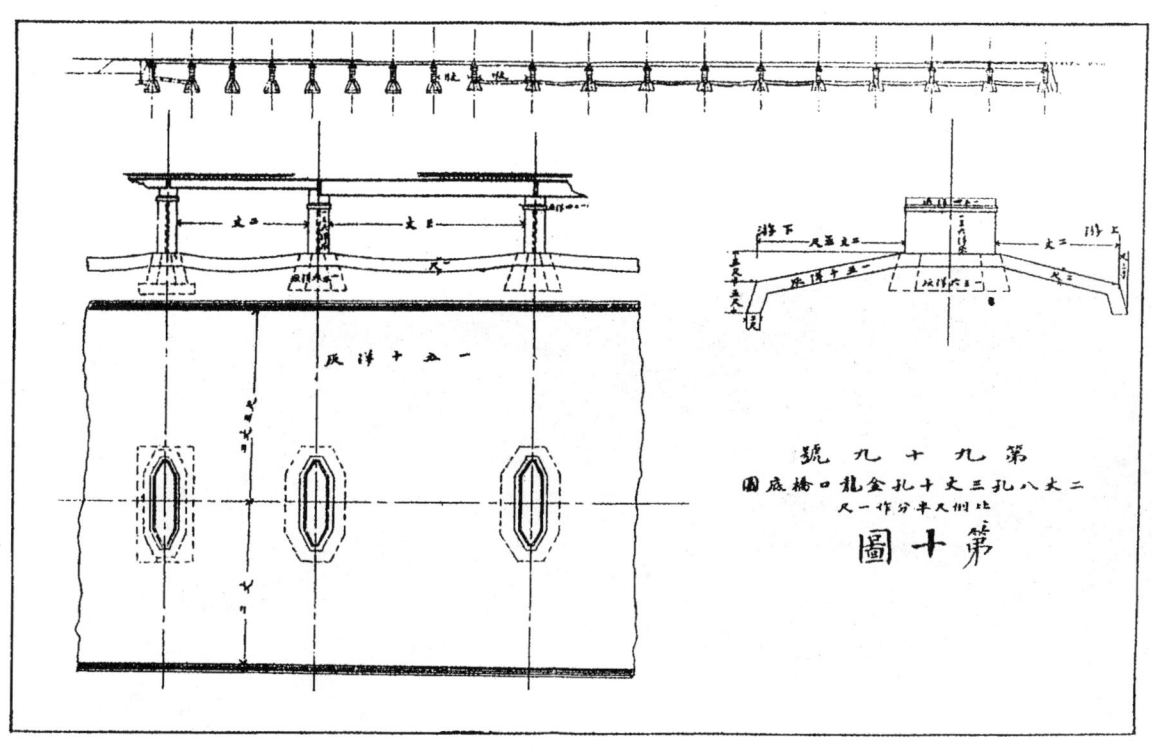

金龙口99号桥工程图

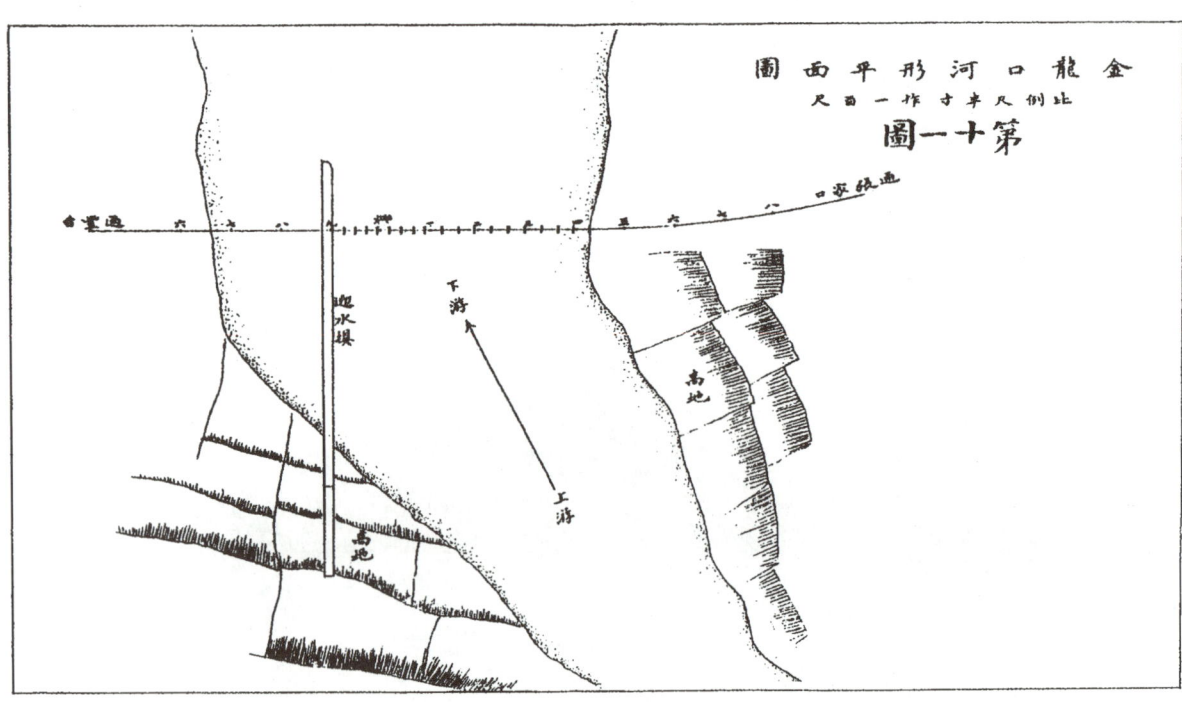

金龙口河形平面图

金龙口 99 号桥现状（由东向西）

金龙口 99 号桥东侧桥台（由北向南）

金龙口 99 号桥西侧桥台（由东北向西南）

100号桥

位于下花园区上花园村东,坐标:N40°29'49.70",E115°14'55.55",为一座每孔跨度6.66米的上承式钢板梁桥。1924年洋河泛滥,100号桥附近路基被毁,线路受到影响,改在100号桥北侧60米处新建一座桥梁。原100号桥废弃,现仅存桥墩上部露在地面。

100号桥现存桥墩(由东向西)

100号桥桥墩及北侧改线铁路桥(由西向东)

响水铺东山沟104号桥

位于下花园区响水铺村东的东山沟,原为一座每孔跨度6.66米的两孔上承式钢板梁桥,桥墩中部加一道铁架洋灰撑梁。经过多年改造,桥梁原貌早已不存。

104号桥原貌

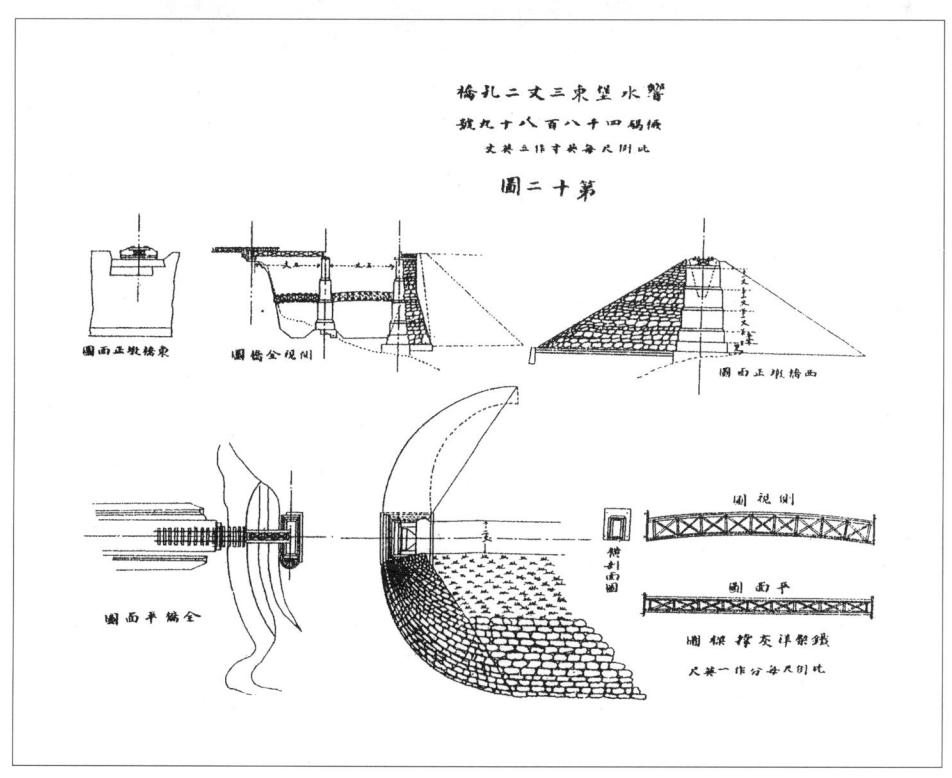

104号桥工程图

泥河子110号桥

位于侯家庙乡泥河子村，坐标：N40°33′39.19″，E115°7′0.04″，1909年通车时为每孔跨度10米的十孔上承式钢板梁桥，现改为八孔混凝土简支梁桥，仅剩一座最北端桥墩为初建时的旧桥墩。

泥河子110号桥原貌

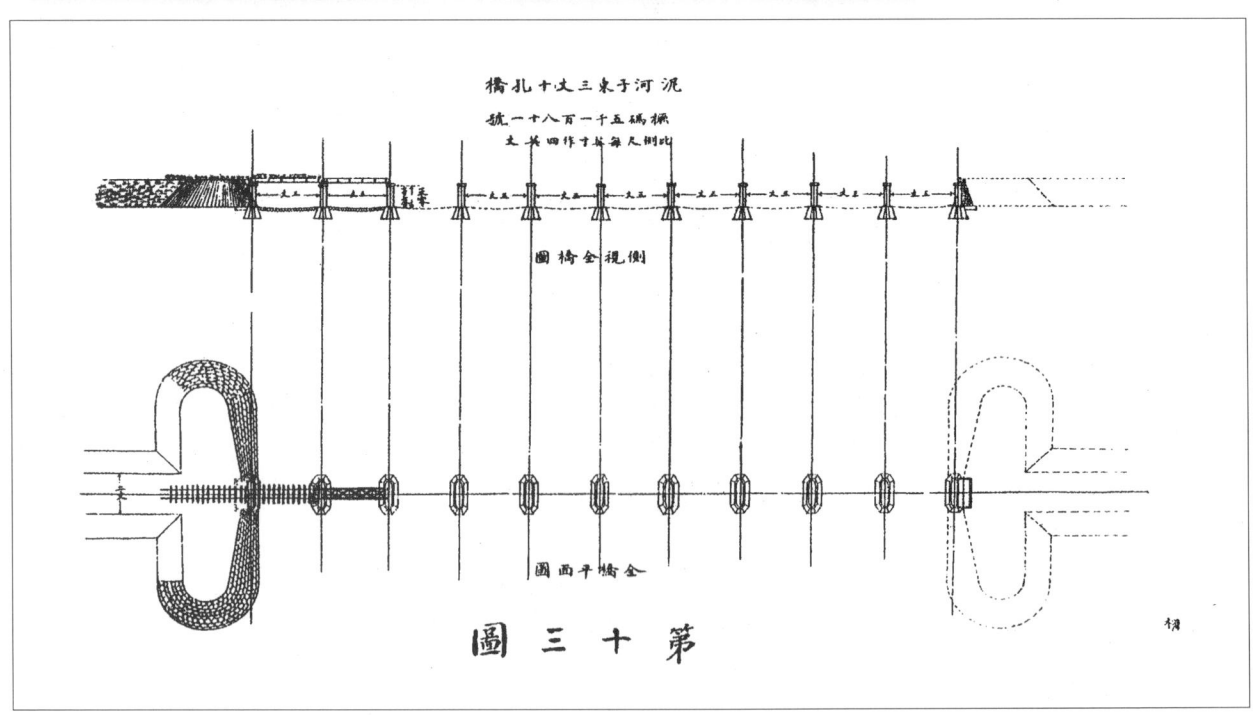

泥河子110号桥工程图

泥河子110号桥现状（由西向东）

泥河子110号桥旧桥墩

吊桥河116号桥

位于宣化区河子西乡宣化城西南角的护城台西侧,坐标:N40°36'26.04",E115°1'16.12",为每孔10米的九孔上承式钢板梁桥。现存旧桥墩两座,仍在使用中。此处现有南北两条铁路线,其中南侧桥墩、桥梁、桥面均为新建,北侧有九座水泥桥墩,桥墩侧面有①、②、③、④、⑤、⑥、⑦、⑧、⑨等字样,东、西两头为京张铁路旧桥墩,嵌在新铁路的路基中,编号分别为①、⑨,中间编号②—⑧的桥墩、桥梁及桥面为后建,该段铁路线仍在运行。桥东北侧有一座日伪时期修建的碉堡。

吊桥河116号桥正面

吊桥河116号桥原貌

对京张铁路遗存的文物调查

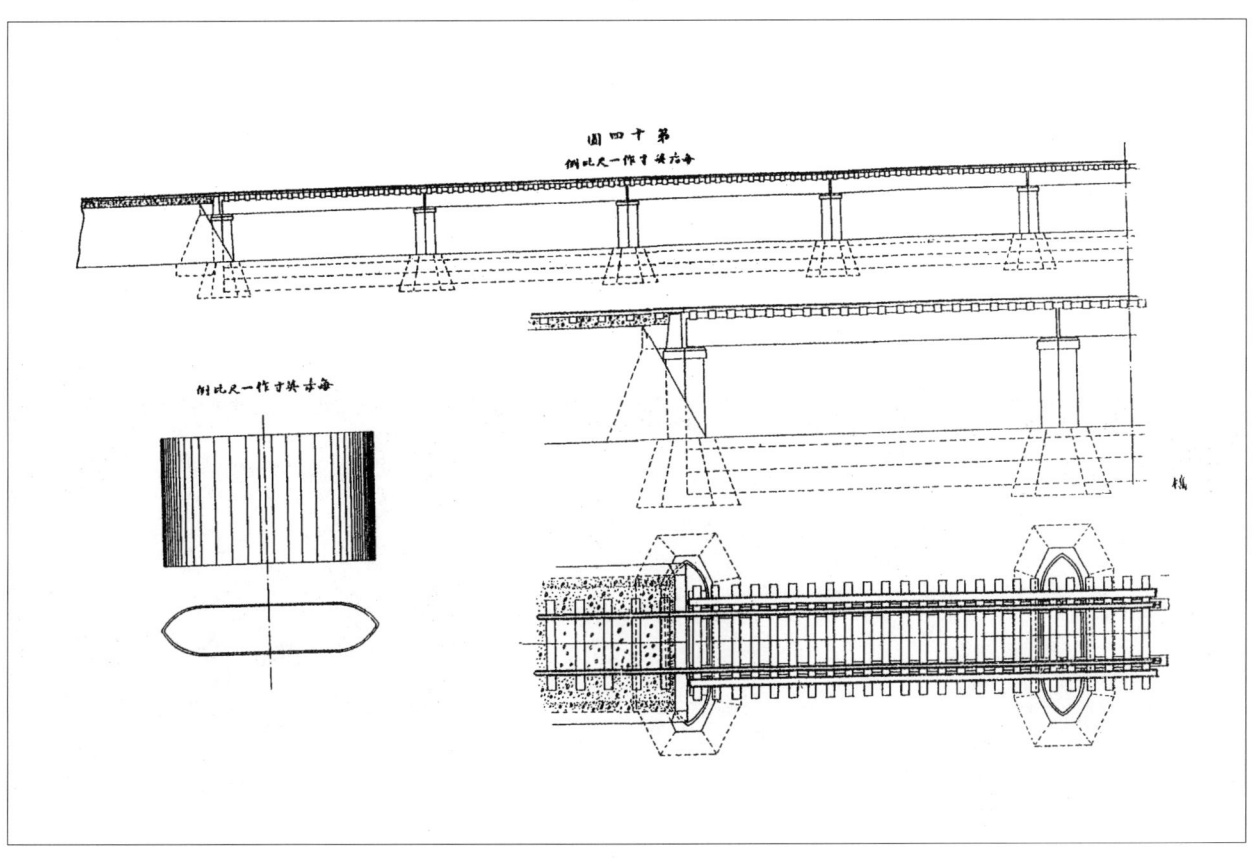

吊桥河 116 号桥工程图（一）

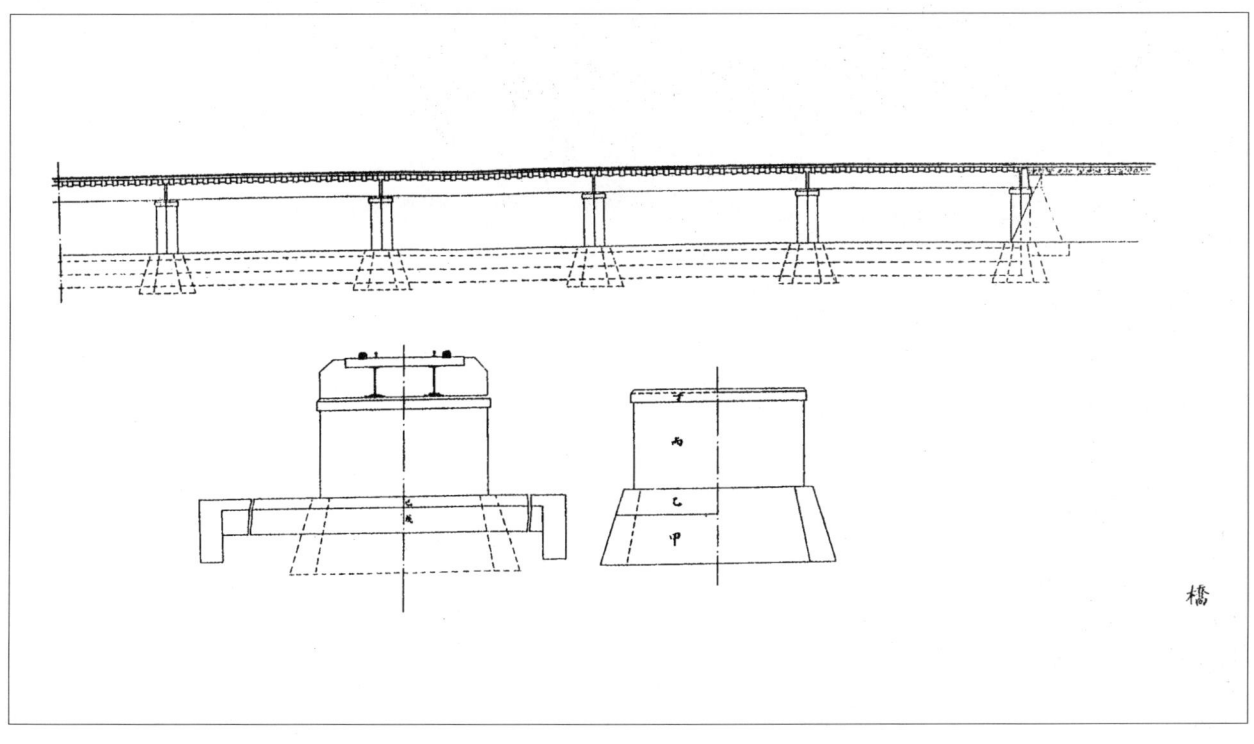

吊桥河 116 号桥工程图（二）

吊桥河116号桥现状(由北向南)

东侧旧桥墩

西侧旧桥墩

日伪时期修建的碉堡（由北向南）

参考文献：

1. 国家图书馆古籍馆编《国家图书馆藏京张路工集》，天津古籍出版社，2013年1月
2. 韩祥瑞、陈韶旭主编《张家口百年史话》，中国文艺出版社，2012年3月
3. 北京铁道分局编《京张铁路》，中国铁道出版社，2001年4月
4. 陈剑主编《京张历史文化及当代发展》，国家行政学院出版社，2017年1月
5. 王嵬著《我的京张铁路·奔向口外》，中国铁道出版社，2017年6月

附录一：
清政府《商务官报》刊登的修建张库铁路的设想
张库铁路

杨志洵

京张铁路已成者，迄于南口，南口以北至于张家口，其成在岁底明春，今已有延长至于库伦之议。自去秋，喀喇沁王请于政府，欲以自费建设。去冬十一月邮传部决议，从京张京汉两路利息中提五十万两，作为建筑费，复电商筹欸之法于库伦大臣。夫此铁路曩为俄人所计画，今幸我政府先事而为之。

库张铁路所通过之地，则起于宣化府万全县张家口以达于库伦。库伦去恰克图八十里，则由此而联接于西比利铁路，无难矣。

按千九百四年统计，俄货之输入于中国者，四百四十一万四千二百十二海关两；中货之输出于俄者五百零一万五千三百九十海关两。输出额之内二百二十万三千百二十九海关两，系经由张家口库伦而往者；其余二百八十一万二千二百六十一海关两，系由海运而往者。由张库往者之中，又以自山西输出之茶叶为大宗，红茶、砖茶二者，每年大概千五万包。此等货物，遵陆北运，须俟天气适宜，水草肥美，方能启程。其至恰克图大约须费五六十日之力，其运费每百斤须费三两。此外输出，若织物、棉纱、纸类、砂糖、谷物、杂货等；又其由俄国及蒙古输入者，则有若羊毛、兽皮毛、牛骨、家畜等。凡此皆遵由此大陆之通衢者也。库张路成，则中俄贸易，其发达更可想矣。

顾此路敷设，不无为难之处。京师至南口九十里，亦既成矣。其未成线，若南口至八达岭、鸡鸣山之间，百四十里中有山峡三十五里，需工甚巨，需三百尺及六百尺之桥六七座，长二千尺之山洞四处。至由张家口至于库伦，则又沿阴山山脉蜿蜒东驰，山路阻险，且将横绝戈壁，实非易事。夫库伦者，漠北之大分水岭，而高出海面四千二百尺之处也。其东出之水，则流入东海；北出之水，流入北海。为中俄贸易之中心点。自此岭以下，直通俄境，一望坦途。沿途有池沼溪港，大小船舶络绎载途，芳草长堤、桃柳交映，宛然中原景色矣。惟鄂尔坤河之桥工，亦非可寻常视耳。

今库伦金矿事业已经着手，将来矿路两者互相为功，北方大都会行将特起。有志商业者，知必能远瞩及之。

附录二：

清政府《商务官报》刊登的《京张铁路关沟工程纪略》
京张铁路关沟工程纪略

京张正工程师颜德庆志
南汇唐永熙笔述

溯自南口北关而达岔道城，此京张路关沟工程也，间尝纵横察勘数周，上而长城，下而关沟，何山非曲，何地非盘，诚天然艰险也。南口西北十里，居庸关一带，山势绵亘，纾道尤多。是关为居中扼要，佥云关沟南朔胜景，凡七十有二，迄今白虎堂、点将台、帐篷石遗迹犹存，想见杨延朗雄镇三关之烈。居庸迤北，距上关不过六里，关山设险，结构尤宏，斯特护关而设。再北而弹琴峡之五桂头，五郎影之石佛寺，望京石之八达岭，计长一十二里有半，叠嶂层峦，络绎不绝。复前行四里又八，即八达岭诣岔道之通途也，前后绵亘共三十三里余，凡进都门出关外者，舍此莫由。岔道东北达延庆州，西北过怀来进宣化，而后至张家口，实为蒙古往来驼马转输者所荟萃之要途，此铁道之所由修也。兹旦即关沟工程而论，始于南口北关，循关沟之西山，迄臭泥坑，过河而东，是为居庸关。惟是居庸关叠翠排闼，横青轨道，断难绕越，爰启一山洞长一百二十丈有奇，一路蟠蜒而来，即五桂头与石佛寺也，两山对峙，而路隘且委，非洞不行，于是凿二山洞，前洞一百余尺，后洞四百余尺，折北至青龙桥，乃东沟车站也。东沟而上，出长城即八达岭。由南口至八达岭，统计铁道跨河而过者凡五处，独是八达岭之地势视南口有高增一千九百余尺者，是高下既极悬殊，不辟洞势难平达，乃特辟山洞三百五十丈长，鸠工凿筑，昼夜经营，阅二十五月而洞工始蒇，于斯为最，底定本非敢蕲，今幸成功，故略陈巅末云。

附：京张铁路及张家口大事年表

1905年9月4日正式开工修建。12月12日，丰台到南口的第一段工程开始铺轨。1909年8月11日建成，到1909年9月24日全线通车。

1909年10月2日，在南口举行了盛大的通车庆典。

京张铁路是中国首条不使用外国人员，由中国人自行建设完成，投入营运的干线铁路。由当时的清政府任命詹天佑为京张铁路局总工程师（后兼任京张铁路局总办）。施工时间比原定缩短了两年；而建造成本亦比原来预算（700万两白银）节省了200万两白银。

1911年11月，张家口至阳高段完工。长56.6公里的阳高至大同段线路因辛亥革命爆发而停工，1912年12月正式复工，1914年1月阳大段通车。

1913年张家口属直隶省察哈尔特别区口北道。

1914年1914年成立察哈尔特别区，宣化府火车站更名为"宣化站"；3月，全长44.8公里的大同至丰镇段开工，1915年9月通车。

1915年京张铁路支路之宣化至龙烟铁矿烟洞山段竣工通车。

1918年4月，为了解决所需路煤燃料，京绥铁路局在大同新建了连通烟煤产区口泉的口泉支线，线路全长19.18公里，同年9月通车。同年12月，河北宣化建设了自宣化至水磨坊对岸，长8.65公里的水磨支线。该支线为运输烟筒山铁矿矿砂的轻便铁路，后因铁矿公司倒闭，于1922年被拆除。

在停工长达四年之久后，1919年8月，全长240.3公里的丰镇至绥远段线路开工，铁路线进入绥远境内。1921年5月1日全线完工，更名为平绥铁路（北平—归绥）。

1920年，在平绥铁路全线开通仅5个月之后，149.6公里的绥远至包头段开始修建。线路自绥远向西，在大青山南麓与大黑河之间，经毕克齐、察素齐、陶思浩、萨拉齐至包头北重站。1923年1月该路线完工通车，当时全长817.9公里。1921年5月1日，当时的北洋政府又修建了张家口至绥远路段，更名为平绥铁路。

1921年5月，张家口铁路工人发动了京绥铁路史上第一次罢工斗争。

1922年5—6月，张家口党组织的创建者——何孟雄在张家口的京绥铁路工人运动中涌现出来的积极分子中间发展了第一批共产党员，并建立了张家口市第一个党小组，使北方铁路的工人运动有了真正的领导核心。

1923年，在京张铁路的基础上，原线路通过两次展筑延伸到包头，改称京包铁路。京张铁路成为北京及包头的京包铁路的首段。

1928年设察哈尔省，定张家口为省会；又为万全县政府所在地。万全县政府设在张家口堡内；

1937年，日本帝国主义侵略中国，占领宣化，为掠夺庞家堡铁矿资源，于1942年将线路增至9股，并修建了东调车场。

1939年初，设立张家口特别市。

1940年12月，为了掠夺龙烟煤矿的煤炭资源，日本修建了宣庞支线（今宣庞铁路），支线全长40公里，走向从宣化向东略北，至庞家堡止。该支线前后施工长达四年，最终于1944年12月全线完工。

1945年日本投降后，国民党政府于1946年将东调车场拆除。

中华人民共和国成立后，首先对全国遭受战争破坏的基础设施进行了大规模的修复和重建。

1949年中华人民共和国成立后，广安门车站向北，自北京宣武区手帕口至西直门火车站的一段铁路拆除，西直门站（北京北站）成为京包铁路始发终到客站。现在京包铁路沿线公里标还是以最初起始点（北京丰台柳村0公里标）开始计算，并未随着改动，实际正线缩短12公里。

1952年12月，察哈尔省建制撤销，察南、察北两专区合并后称张家口专区，划归河北省，张家口市为河北省直辖，并为专区治所。

由于原京张铁路关沟段一带通过能力较差，另外建成了来往丰台及沙城（怀来）的丰沙铁路。丰沙线的走向即当年詹天佑认为较为理想，但因造价较高而被迫放弃的路线。

1953年10月，因在永定河上游建设官厅水库，康庄站至狼山站段线路位于待建水库的蓄洪区内，遂对该段铁路进行改线工程。工程须改线15.91公里，废弃妫水河站，并以新建的全长654米、高26米的妫水河大桥和两端桥头高22米以上的透水路堤跨越水库。改线工程于1954年12月完工，并于次年3月交付运营。

1955年11月，沙城站至郭磊庄站段改线及复线工程开工，1958年11月完工。这是京包铁路全线首个进行复线建设的区段。

1959年2月，宣化大林堡支线新建工程开工。线路计划由原京包铁路宣庞支线（今宣庞铁路）的李大人庄站引出，通往河北省赤城县境内，经黄草壤、龙关至八里庄附近，然后深入大林堡矿区，作为矿石运输专用线路，全长50.19公里。线路行经黄土丘陵的赵川盆地和龙关盆地，穿越黄草岭山岳地带。由于中苏交恶，工程于当年年末停工，1960年6月复工，1961年彻底停建。施工期间仅进行了部分路段的路基施工，全线直至停建，并未铺轨。

1960年1月，京包铁路在北京地区的辅助线路——北京枢纽东北环线（今双沙铁路）新建工程开工。新建线路自百子湾东侧信号所开始，向北后折向西，止于京包铁路K28乘降所（原为28公里信号所），线路全长32.1公里，1966年12月建成正式投入运营。同年2月，西直门站至河北沙城站区段复线工程开工，因中苏交恶，施工于1961年7月下马。其中，在原"人"字形铁路青龙桥站附近新建青龙桥西站。青龙桥西站与青龙桥站相距不足1公里，原本拟扩建青龙桥站，增加到发线，但因附近地形限制，建成了纵列式的新站场。青龙桥西站投入运营后，青龙桥站只接、发开往北京方向的上行列车，青龙桥西站则只接、发开往包头方向的下行列车。

1977年4月开始，沙城站至大同站之间线路安装全线自动闭塞，同年年底完工。

1981年4月，京包铁路进行电气化改造，自北京经沙城、张家口南、大同，至口泉铁路上的口泉站止，电气化改造总里程共计379公里。

1983年4月3日，京包铁路与陇海铁路、兰新铁路及包兰铁路四大线路的旅客列车扩大编组试验结束。根据试验结果，铁道部决定对以上四条干线的共计17对旅客快速列车陆续实施扩大编组，共计可扩编29辆，相当于每日增开3对列车，每天可提高长途旅客运能达9000多人。

1987年11月6日，青龙桥站附近再建成詹天佑纪念馆。位于京包铁路八达岭段最高点处的詹天佑纪念馆建成并正式开馆。纪念馆设瞻仰厅、序幕厅和陈列厅，瞻仰厅正面为詹天佑全身大幅照片，并在上首悬挂周恩来题字："中国人的光荣"。

1996年5月22日，跨官厅水库的妫水河大桥新桥开工建设。原桥开通运营43年来，由于冬季屡次受到冰害影响，全桥19个桥墩先后被冰挤断10个，多次造成铁路断道，影响正常的客货运输。后决定在原桥下游（南侧）30米处新建大桥。1997年12月2日，新桥完工通入运营，京包铁路改走新桥，旧桥被弃置拆除，现仅存桥墩。新妫水河大桥正桥和引桥全长852.64米，水中墩高14.7米，承台直径18米，厚3.5米。该桥墩台基础结构坚固，完全可以抵御冰害的影响。

2009年是京张铁路通车一百周年纪念，有关方面已着手申报京张铁路沿线保留的遗迹为文物保护单位。

2011年，张家口火车站名列第三次全国文物普查百大新发现。

2014年7月1日零时起，具有105年历史的张家口站停止办理客运业务。

结　语

　　2016年3月，为落实为中央领导作出的"应结合京张高铁建设和冬奥会举办的契机，保护好京张铁路的宝贵历史遗存，充分发挥其精神价值和教育意义"的批示，做好现代工业遗产保护，结合京张高铁建设在即和冬奥会举办的契机，保护好京张铁路的历史遗存，充分发挥其历史价值和爱国主义精神的教育意义，受河北省文物局委托，张家口市文物考古研究所与首都博物馆合作，对京张铁路现存遗迹进行了野外调查和测绘。首都博物馆负责勘察北京段丰台、广安门、西直门、清华园、清河、沙河、南口、三堡、青龙桥和康庄十个站区；张家口市文物考古研究所负责河北省境内张家口段怀来、东花园、狼山、土木、沙城、新保安、西八里、下花园、辛庄子、宣化、沙岭子和张家口十二个站区的调查。徒步调查的人员行经100多公里，调查发现了40多处尚存的各类遗存，为百年后的京张铁路留下了最后的宝贵身影。这本《京张铁路河北段文物遗存调查》就是这次调查的汇报。

　　调查中，面对尚存的铁路、桥梁、车站，我们深切地感受到百年前京张铁路的修筑者们，在当时艰难的历史条件下，依然坚守信念的不屈不挠、自强自立、克服困难，力保工程质量的精神；也看到古老的京张铁路旁飞驰而过的电气机车带来的历史变迁。而不久的将来，即将通车的北京—张家口高铁，更让我们体会到改革开放后中国在世界铁路建设中的领先地位，感受到今天我们祖国的伟大和富强。

　　本次调查，我们得到了怀来县博物馆、宣化区文保所及北京铁路局张家口车务段的全力支持，得到了调查沿线各区县和车站的热忱帮助，在此，我们表示衷心的感谢！同时感谢杨春山、冯瑞华两位同志提供信息，并热心领路前往实地进行调查。

　　历史连接着昨天、今天和明天。今天，当京张高铁即将飞速驶过古老的京张铁路的时候，我们回望过去，展望未来，更加理解京张铁路在中国近现代铁路史中的重要价值，更加体会到京张铁路在传承中华民族独立自主、自强不息的爱国主义精神中所作的历史贡献，更坚定了我们坚持改革开放、实现中华民族伟大复兴的信念。

　　让人们了解过去京张铁路的历史，了解今天京张铁路留下的遗存，将这一份珍贵的近代工业遗产保护好，让京张铁路自强不息的爱国主义精神世世代代传承下去，是我们这本小书的愿望。